OS SEGREDOS PARA TER MEMÓRIA FORTE E CÉREBRO SEMPRE JOVEM

O plano de treinamento com exercícios práticos e estratégias para manter seu cérebro ativo a vida toda

CARO LEITOR,

Queremos saber sua opinião sobre nossos livros.

Após a leitura, curta-nos no facebook/editoragentebr,

siga-nos no Twitter @EditoraGente e visite-nos no site www.editoragente.com.br.

Cadastre-se e contribua com sugestões, críticas ou elogios.

Boa leitura!

Renato Alves

OS SEGREDOS PARA TER MEMÓRIA FORTE E CÉREBRO SEMPRE JOVEM

O plano de treinamento com exercícios práticos e estratégias para manter seu cérebro ativo a vida toda

Como todos nós podemos prevenir o Alzheimer no futuro

Diretora
Rosely Boschini

Gerente Editorial
Marília Chaves

Editora de Produção Editorial
Rosângela de Araujo Pinheiro Barbosa

Assistentes Editoriais
César Carvalho e Natália Mori Marques

Controle de Produção
Karina Groschitz

Preparação
Entrelinhas Editorial

Projeto gráfico
Cintia Ferreira Marquetto

Editoração Eletrônica
Know-how Editorial

Revisão de Provas
Rosemeire Carlos Pinto

Capa
Miriam Lerner

Imagem de Capa
Todor Tsvetkov/iStock by Getty Images

Impressão
Orgrafic

Copyright © 2016 by Renato Alves

Todos os direitos desta edição são reservados à Editora Gente.

Rua Pedro Soares de Almeida, 114, São Paulo, SP – CEP 05029-030

Telefone: (11) 3670-2500

Site: http://www.editoragente.com.br

E-mail: gente@editoragente.com.br

Dados Internacionais de Catalogação na Publicação (CIP)
Angélica Ilacqua CRB-8/7057

Alves, Renato
    Os segredos para ter memória forte e cérebro sempre jovem : o plano de treinamento com exercícios práticos e estratégias para manter seu cérebro ativo a vida toda / Renato Alves. - São Paulo : Editora Gente, 2016.
    192 p.

    Bibliografia
    ISBN 978-85-452-0133-5

1. Memória 2. Memória – Treinamento 3. Mnemônica 4. Cérebro – Desenvolvimento I. Título

16-0899   CDD 153.12

Índice para catálogo sistemático:

1. Memória – Treinamento 153.12

À minha esposa Ariane e ao
nosso amado filho Miguel.

AGRADECIMENTOS

A todos aqueles que colaboraram direta e indiretamente para que este projeto ganhasse forma e o conhecimento pudesse ser transferido de forma responsável e agradável para o maior número de pessoas.

A Rosely Boschini, Rosângela Barbosa e toda a equipe da Editora Gente, pelo fantástico suporte editorial.

A Cristina Nabuco, pelo valioso trabalho de pesquisa que permitiu oferecer aos leitores um livro completo e atualizado.

A Joyce Moysés, pelas importantes observações e conselhos úteis na preparação dos originais.

A todos os meus amigos e alunos que tiveram a generosidade de dividir as experiências contidas em suas memórias.

Aos colaboradores da Humano Educação, por conduzirem seus trabalhos de forma responsável, permitindo que eu me dedicasse à preparação deste livro.

Aos membros da Academia Tupaense de Letras Ciências e Artes (Atleca), pelo incentivo ao trabalho literário.

E, principalmente, a Deus, que proporciona todos os dias, a todos nós, oportunidades e experiências incríveis de aprendizado que preenchem os nossos arquivos mentais.

SUMÁRIO

Introdução – A chegada da onda 13

Capítulo 1 – Nós queremos ser cada vez mais lúcidos 23

A rotina dos esquecimentos 26

Alarme notável 29

A memória e os primeiros fios de cabelos brancos 33

Capítulo 2 – Memórias roubadas 35

Paradoxos da atualidade 40

De prejuízo em prejuízo 45

Custo assombroso 49

A perda mais inconveniente 51

Capítulo 3 – Memória de peixe ou de elefante? 55

Não existe vida sem memória 59

Desvendando a memória 60

Onde guardamos nossas lembranças? 62

Os três tipos de memória 63

As particularidades da boa memória 65

Os segredos para ter memória forte e cérebro sempre jovem

Por que reclamamos da memória? 67

Causas fisiológicas: corpo saudável, mente saudável 70

Sono insuficiente 70

Má alimentação 71

Medicações 72

Excessos de álcool e drogas 72

Cigarro 73

Sedentarismo 73

Poluição do ar 74

Doenças metabólicas 74

Perda de visão e audição 75

Outras doenças 75

Causas psicológicas: quando você está bem, sua memória

fica bem 76

Estresse 77

Ansiedade 77

Desinteresse 78

Falta de propósito na vida 78

Crenças limitantes 79

Visão pessimista do envelhecer 80

Falta de confiança na memória 80

Visitar o passado impede de pensar no futuro 81

Causas circunstanciais: o esquecimento que poderia ter

sido evitado 82

Distração 83

Diferenças no modo de perceber o mundo 83

Desorganização 84

Má vontade 85

Pressa 85

Sumário

Mapa do esquecimento 86
Como identificar a doença de Alzheimer 88
  Desafios a superar 90
  Será possível prevenir? 92
  Demência *versus* envelhecimento normal 94
  Teste para avaliar memória e outras habilidades
  cognitivas 98

Capítulo 4 – Branco na memória: esse labirinto tem saída 105
Aposentadoria, jamais! 111
Está na hora de fazer uma faxina na memória 112
O que o futuro nos reserva 113
O que temos para aprender hoje 115
Cinco soluções efetivas 115
  Busque uma vida plena e ao mesmo tempo simples 116
  Tenha um propósito na vida 117
  Siga um estilo de vida saudável 118
  Organize as tarefas 118
  Saiba lidar com informações 119

Capítulo 5 – Plano de treinamento do seu cérebro 121
Converse com sua memória: o método das perguntas 124
A memória dos sonhos: será possível turbinar a memória? ... 128
Primeiro plano a cuidar: o físico 130
  Consuma alimentos que melhoram o processo de
  memorização 131
  Pratique exercícios físicos regularmente 134
  Durma bem, o sono é o motor da vida 135
  Fique de olho na balança: faça o controle do peso 137
  Faça *check-ups* periódicos 138

Os segredos para ter memória forte e cérebro sempre jovem

Segundo plano a cuidar: o emocional 139

Mantenha-se socialmente ativo 139

Desperte a saudade 139

Transforme lembranças negativas 140

Encontre um sentido na vida 141

Terceiro plano a cuidar: o cognitivo 142

Faça palavras cruzadas 143

Leia diariamente 143

Escreva sobre assuntos do seu interesse 144

Veja fotos antigas 145

Faça o caminho de volta: produza *flashbacks* 146

Use a tecnologia com inteligência 147

Use técnicas de memorização 148

Capítulo 6 – Existe, sim, boa memória após os 40, 50, 60,
70, 80... anos 153

Um cérebro novo todos os dias 158

É hora de agir: três atitudes para memorizar mais 160

Fisiologia 161

Aprendizagem 164

Ensino 166

Capítulo 7 – Por um futuro bem vivido e lembrado 173

Referências 179

INTRODUÇÃO
A CHEGADA DA ONDA

Introdução – A chegada da onda

Imagine que você está caminhando pela beira de uma praia deserta. Inspirado pela beleza do lugar, você sente uma vontade de retribuir com uma frase escrita na areia. Você começa a escrever, mas antes que consiga concluir vem uma onda e apaga parte dela. Você insiste na tarefa, imprime mais força, contudo a chegada da onda parece inevitável. Segundos depois, já não dá mais para saber o que estava escrito e você fica paralisado, incapaz de concluir a tarefa.

A metáfora da onda traduz a sensação de impotência que sentimos quando somos surpreendidos pelos chamados brancos ou lapsos de memória. A incapacidade de lembrar de coisas simples e concluir tarefas desperta nas pessoas um sentimento de ansiedade seguida por um profundo desapontamento.

Perder a memória é um dos maiores temores dos brasileiros em relação ao envelhecimento. Em uma pesquisa realizada pelo Instituto Qualibest a pedido do laboratório Pfizer, o item "Não ser capaz de me lembrar das coisas e pessoas como antes" foi apontado por 65% dos entrevistados. Ficou em terceiro lugar, atrás dos medos de desenvolver problemas de saúde e limitações físicas e antes dos medos da solidão e de ter problemas financeiros. A pesquisa ouviu 989 pessoas, em todas as regiões do país, com idades entre 18 e 61 anos. Ao separar as respostas por faixa etária, os autores observaram que o medo de perder a memória ao envelhecer é mais frequente entre jovens na faixa dos 18 aos 25 anos em relação a população mais idosa.

É assustadora a possibilidade de se ver privado de agilidade física e mental, de não conseguir cuidar de suas necessidades básicas e se tornar um fardo para a família.

Foi exatamente isso que demonstrou um levantamento da consultoria Nielsen realizado com 30 mil pessoas de 60 países, inclusive do Brasil. A grande ambição dos idosos de hoje e de amanhã é manter uma vida independente. E a chave para a qualidade de vida está na manutenção de uma memória forte e retentiva na compreensão do seu funcionamento e nos cuidados fundamentais garantam longevidade com lucidez. Uma memória saudável é o alicerce para preservar a autonomia.

Preste atenção e tente pensar por um minuto em sua vida. Tudo o que você faz depende da memória, não é mesmo? Da tarefa mais complexa, como resolver uma equação matemática, até as tarefas simples, como lembrar o nome de alguém que está parado na sua frente, onde guardou a carteira de vacinação do filho, acordar sempre no mesmo horário, perceber o incômodo da fome, a sequência adotada para a higiene diária... Para tudo dependemos da memória. Como um computador biológico programado para viver, você consulta os dados armazenados nela o tempo todo. A memória é a sua companheira constante, a sua melhor amiga e por isso deve ser valorizada e preservada.

A memória é como a mãe prestativa que antecipa todos os nossos problemas, mas que, por ser tão presente, nem sempre é reconhecida. Enquanto essa mãe generosa nos serve nem pensamos nela. Só começamos a prestar atenção na memória quando ela falha, e não conseguimos concluir uma tarefa ou quando ficamos estressados com a magnitude do prejuízo que um esquecimento nos causou. Nessas ocasiões dizemos: "Acho que estou com problemas de memória."

Quando a memória desaparece, quem nos visita é a insegurança. As repetições de lapsos provocam tamanha insegurança e ansiedade que podem nos levar a abortar os próprios planos ou até sabotá-los. Eu tenho certeza de que você não quer que isso lhe aconteça nem com aqueles que ama, não é verdade? Talvez você não sinta esse problema na própria pele, mas pode estar sendo afetado pelos esquecimentos de pessoas no trabalho, na família ou no círculo de amizade. Tenho certeza de que seu desejo seria ver essas pessoas envelhecendo ativas, independentes e, principalmente, lúcidas.

Introdução – A chegada da onda

A sucessão de esquecimentos pode ser causada por fatores simples, como veremos adiante, mas também pode levantar a suspeita de um problema mais sério.

"Deve ser o alemão!"

Alguém se apressa a dizer, referindo-se, em tom de brincadeira, à doença de Alzheimer, que resulta da morte de células cerebrais e consequente atrofia do cérebro, levando à perda progressiva de memória, linguagem, raciocínio, agilidade mental e capacidade de cuidar de si. Trata-se de uma enfermidade grave que precisa ser avaliada e tratada com muito critério, como você perceberá ao longo deste livro.

Antes de aceitar esse "diagnóstico", no entanto, você deve considerar que esquecimentos nem sempre sinalizam doenças. Eles podem ser resultado apenas de falta de organização ou de bons métodos para memorizar – o que independe da idade. Digo isso com a experiência de quem também já sofreu com os esquecimentos, mas que um dia conquistou o título de melhor memória do Brasil.

Em apresentações públicas e palestras que ministro em empresas e universidades, explico que não nasci com essa memória prodigiosa, que não tomo medicamentos e não me preocupo em fazer acrobacias mnemônicas para um bom desempenho cerebral. Aprendi a desenvolver uma memória forte e confiável de maneira natural, com um sistema prático acessível a qualquer pessoa. No entanto, para chegar até aqui passei por maus bocados com a minha memória, ou melhor, por causa dela.

Quando jovem, fazia parte do grupo de estudantes que assistia às aulas, lia os livros para fazer as provas, mas não conseguia reter o conteúdo das matérias. Passava horas estudando, mas no final não me lembrava de quase nada. Algumas vezes até sentia que havia aprendido alguma coisa, porém na hora da prova sofria um branco e me esquecia de tudo.

Sinceramente, isso nunca chegou a me incomodar, porque os outros alunos do colégio também se queixavam dos esquecimentos. Eu achava tudo normal. O evento que acendeu o sinal vermelho e me fez prestar atenção em minha memória foi um grave prejuízo no trabalho, um acontecimento que marcou para sempre a relação com a minha memória.

Depois de me formar em ciências da computação, consegui um emprego de gerente de informática (TI) de uma pequena editora de listas telefônicas. Uma de minhas tarefas era fazer, semanalmente, a cópia de segurança (*backup*) dos arquivos de centenas de anúncios. Em uma sexta-feira, por distração, eu me esqueci de fazer *backup* dos arquivos da quinzena e, junto com eles, a edição finalizada da lista que iria para impressão na semana seguinte. Na segunda-feira, verifiquei que o computador principal havia sido infectado por um vírus, que danificou o HD. Resultado: todos os arquivos se perderam e não havia cópia de segurança para restaurá-los.

Por causa do meu esquecimento, a equipe inteira teve de refazer tudo, de emergência, inclusive de madrugada, para recuperar o tempo e o trabalho perdidos. Minha distração causou prejuízo material e moral, já que os clientes receberam os produtos fora do prazo, e quase arruinou os resultados financeiros da empresa. Assim que a situação se normalizou, pedi desculpas e demissão. Foi nessa época que comecei a prestar atenção em minha memória.

Talvez você esteja hoje aqui porque também se sente fragilizado por causa da sua memória – e temeroso de que ela lhe cause mais problemas à medida que os anos passem. Talvez já tenha enfrentado algum tipo de constrangimento, como o de não lembrar o nome de alguém que o cumprimentou, ou sofrido algum prejuízo financeiro decorrente da ausência dela. Uma vez, por exemplo, precisei arrombar a porta do carro porque a travei com a chave no contato. Talvez você já tenha passado por algo semelhante. De esquecimento em

Introdução – A chegada da onda

esquecimento, calcule o tamanho do prejuízo. A boa notícia é que aprendi que para muitos de nossos esquecimentos há solução.

Um dia, reclamando de meus problemas de memória com um amigo, ele recomendou que eu lesse um livro que ensinava técnicas de memorização. Até então, achava que memorização era um fenômeno exótico, paranormal, digno daqueles mágicos que se apresentam em programas de TV nas noites de domingo. Para mim, tudo aquilo era uma capacidade exclusiva de privilegiados, mas, como eu andava decepcionado com a minha memória, resolvi estudar o assunto e conhecer melhor os mecanismos de memorização. Posso afirmar que foi a partir daquele dia que mudei a minha vida.

Após esse primeiro contato, nunca mais parei de aprender. Li centenas de livros participei de congressos, cursos, treinamentos, apaixonei-me tanto pelo tema que acabei desenvolvendo um método pessoal e eficaz de memorização. Então de ex-esquecido tornei-me o primeiro brasileiro recordista de memória, em 2006. Com a memorização descobri um universo fascinante e é com entusiasmo que tenho levado essa mensagem para milhares de pessoas.

Depois de 20 anos estudando a mente humana, posso afirmar com segurança que a perda de memória não é obrigatória com o envelhecimento. É possível conjugar longevidade e lucidez. O campeão mundial de memória, o engenheiro japonês Akira Haraguchi, é prova disso. Quando quebrou o recorde mundial ao recitar de cabeça 100 mil dígitos do número Pi, numa demonstração pública que durou dezesseis horas, ele tinha nada menos do que 60 anos.

Uma boa memória está ao alcance de todas as pessoas. Um exemplo extraordinário é o de Chames Salles Rolim, mineira de Ipatinga, município a 277 quilômetros de Belo Horizonte. Aos 92 anos, viúva, depois de trabalhar 63 anos em uma farmácia com o marido e criar nove filhos, ela voltou a estudar. Em 2014, com 97 anos, 28 netos e 16 bisnetos, Chames se formou em Direito.

A boa memória resulta de bons hábitos, técnica e disciplina. Usá-la bem ajuda a manter o cérebro sempre jovem e aumenta sua qualidade de vida. Logo, já está na hora de desmistificar uma realidade que está cada vez mais perto de nós.

Em poucas décadas, o Brasil será um dos países com maior número de idosos do mundo. Pelos dados do Instituto Brasileiro de Geografia e Estatística (IBGE), a expectativa média de vida do brasileiro subiu para 75,2 anos, em 2014 (78,8 anos para as mulheres e 71,6 anos para os homens).

O relatório da Organização Mundial da Saúde (OMS) divulgado em setembro de 2015 estima que a quantidade de pessoas acima de 60 anos deve duplicar no mundo e quase triplicar no Brasil, chegando a 64 milhões (o equivalente a 30% da população) em 2050. Em 2016, há 25 milhões de brasileiros nessa faixa etária, pouco mais de 12% da população.

Os últimos achados das pesquisas que serão apresentadas neste livro mostram que o declínio cognitivo não é inevitável. A velocidade de envelhecimento do cérebro varia profundamente de uma pessoa para outra e algumas ações podem fazer a diferença. Como função do cérebro, a memória é inesgotável – não tem obrigatoriamente um limite de tempo e de espaço. A memória pode ser conservada e aperfeiçoada com um bom sistema de aprendizagem.

O caminho para preservá-la não se resume apenas a fazer palavras cruzadas ou jogar partidas de xadrez. Embora tais atividades sejam reconhecidamente eficazes. Uma boa memória consiste em usá-la com inteligência, isto é, tornar consciente as duas ações básicas associadas a ela:

- Provocar a memorização
  – guardar o que considerar importante.
- Estimular a recordação
  – lembrar-se detalhadamente do que foi memorizado.

Introdução – A chegada da onda

Este livro ensinará meios inteligentes de preservar a memória para que você seja mais produtivo no trabalho e confiante em tudo o que fizer até os 100 anos ou mais. Os métodos mnemônicos, que são a minha especialidade, podem aumentar em até dez vezes seu potencial de memorização.

A boa memória ainda ajuda a reduzir o tempo gasto nas atividades, a encontrar respostas rápidas e criativas para os problemas e a abraçar novos projetos com mais segurança – abrir um novo negócio, iniciar uma faculdade, aprender outro idioma e estudar para concurso – mesmo depois da quarta década de vida.

Portanto, o segredo para envelhecer ativo, produtivo, confiante e com lucidez passa pela mudança no seu jeito de pensar a memória, na percepção da realidade de modo a influir de maneira positiva para a realização dos seus planos.

Voltando à palavra escrita na areia, a estratégia é escrevê-la em outro lugar que a onda não alcance. Este livro o ajudará a encontrar esse lugar e a descobrir, à medida que os anos passam, as vantagens de ter como companheira frequente essa melhor amiga que é a memória.

Que a leitura seja agradável e produza ótimas lembranças!

Renato Alves
(www.renatoalves.com.br)

1

NÓS QUEREMOS SER CADA VEZ MAIS LÚCIDOS

Você está caminhando tranquilamente por um shopping center (guarde bem a palavra "tranquilamente"). De repente uma pessoa se aproxima, sorri, chama seu nome e o cumprimenta com intimidade. Você retribui o sorriso e o abraço, enquanto vasculha desesperadamente a memória e não consegue encontrar o nome.

– Quem é esse cara?

É uma situação terrível, não é verdade?

Você fica na esperança de que o outro mencione um fato marcante, capaz de despertar suas lembranças, ou tenta encerrar o mais rápido possível esse encontro. Então, como um ator, esforça-se e interpreta o constrangedor papel: faz de conta que se lembra perfeitamente de quem ele é, afinal, entre deixar o sujeito suspeitar que você não se recorda dele e ter certeza, é melhor a primeira opção.

***

Você está contando para os amigos como foi sua última viagem de férias. Como uma criança ansiosa por compartilhar uma novidade, sua narrativa segue carregada de entusiasmo, mas em alguns momentos fica truncada. Você não nota, mas às vezes faltam algumas palavras.

— Como é mesmo o nome daquela igreja fantástica?

— E daquele restaurante espetacular?

Você tem certa dificuldade para completar o raciocínio. Recorda-se de vários detalhes, mas o nome não vem...

Daí você gesticula com as mãos, contrai o canto da boca, coça a cabeça, fecha os olhos, vê na sua mente o interior do restaurante, o vaso de flores colocado próximo à entrada, as mesas arrumadas, o garçom vindo em sua direção. No entanto, o nome daquele lugar... que servia aquele salmão maravilhoso... O nome não vem.

***

O que essas duas histórias têm em comum? Você conseguiu notar? Na primeira o sujeito sai do estado de tranquilidade para a ansiedade e, na segunda, do entusiasmo para a ansiedade. Assim, temos a ansiedade como um fator de bloqueio temporário da memória. Digo temporário porque em uma circunstância normal provavelmente a pessoa se lembraria dos nomes algum tempo depois. Parto aqui do princípio de que tanto um quanto o outro sujeito não sofrem de um problema crônico de memória.

Se você é uma pessoa muito ansiosa, então naturalmente deve experimentar situações parecidas com essas todos os dias – e ficar temeroso de que elas se tornem ainda mais frequentes com o envelhecimento!

Como eu dizia, a ansiedade é um fator de bloqueio da memória, mas ela não trabalha sozinha nessa tarefa. Existem muitas outras razões para sua memória travar e apresentarei várias delas ao longo deste livro. O que quero mostrar aqui é como somos vítimas fáceis das ondas de esquecimentos e como nos tornamos cômicos ao sacar uma dessas frases que estão cada vez mais presentes no vocabulário do cidadão contemporâneo:

— Bom, deixa pra lá, depois eu me lembro.

— Eu não estou me lembrando direito...

— Se não me falha a memória...

— Antigamente eu me lembrava de tantas coisas... Mas agora...

— Deve ser o "Alemão"!

Você também costuma utilizar essas frases?

A rotina dos esquecimentos

Como é o seu dia a dia?

Pense em quantas vezes nos últimos tempos você já se perguntou:

— Qual é o nome daquela pessoa?

Nós queremos ser cada vez mais lúcidos

— Onde larguei a chave do carro?

— Onde estão meus óculos?

— Por que eu lembro tanto da minha infância, mas não consigo lembrar o que comi no almoço hoje?

Tudo bem, talvez essa salada de fatos, lugares, objetos misturados em memórias episódicas e semânticas não aconteça dentro de sua cabeça, mas isso não o livra de ser vítima dos esquecimentos das pessoas que cruzam o seu caminho. Já parou para pensar nisso?

Pense no garçom que se esqueceu de pedir seu suco de laranja. No porteiro do prédio que se esqueceu de lhe avisar que o salão de festas já estava reservado ou no mecânico que se esqueceu de apertar os parafusos da roda do seu carro. Ser vítima do esquecimento alheio é mais comum do que você imagina e, acredite, todos os anos movimenta milhões e milhões de reais em ações na justiça.

Muitas vezes você sofre os efeitos dos esquecimentos que agem na vida de pessoas próximas, como um familiar, por exemplo. É o caso da mãe que vive esquecendo onde guarda as contas da casa, confunde as datas das consultas médicas ou não se recorda de certos episódios que vocês viveram juntos, como os momentos ocorridos durante o casamento de um primo.

O maior problema dos lapsos de memória é o seu efeito surpresa. O lapso não sinaliza quando acontecerá – é como os disjuntores do quadro de energia da casa: quando um deles cai, uma parte da casa fica no escuro. Quando uma chave dentro da memória se desliga, a mente fica no escuro e as respostas a situações que vivenciamos, situações que muitas vezes nos pressionam, ficam momentaneamente inacessíveis. Você com certeza já experimentou isso. Todos nós!

Essa incrível imprevisibilidade dos lapsos de memória e nossa incapacidade de julgar os esquecidos (pois no fundo todos nós já passamos pelas dores do esquecimento) levam algumas pessoas a utilizarem a desculpa da memória para justificar atos de má-fé.

— Tinha que pagar hoje? Desculpe, me esqueci completamente...

Eu não quero que fique encucado com um ou outro lapso de memória que às vezes nos acomete. O que desejo é que entenda quando esses lapsos são reações normais a eventos do cotidiano e quando eles começam a se repetir a ponto de nos incomodar. Nesse sentido, proponho uma reflexão: você interpreta esses acontecimentos como fatos naturais ou os primeiros sinais da decadência progressiva do cérebro?

A repetição de lapsos pode nos trazer uma imagem negativa de nossa memória e levar a encampar, desde cedo, o "discurso da memória ruim". Toda vez que você diz, mesmo em tom de brincadeira, que "a sua memória é uma droga", "que você deve estar com problemas de memória" ou que "acha que está ficando velho e com a memória fraca", o seu comportamento tende, então, a reforçar essa percepção, que, por sua vez, alimenta a crença de que a memória nos abandona gradativamente à medida que os anos passam.

Como advogado da memória, eu diria que, na maioria das vezes, ela não é a responsável pelos esquecimentos. A memória está sempre à sua disposição, à espera do seu comando. Muitas vezes até gritando com você para lembrá-lo de coisas importantes. Talvez você não a esteja ouvindo! Já pensou nisso? E ainda tendemos a desqualificar a lembrança tardia. Acredite: se estivesse mais atento, nunca mais colocaria a culpa na memória. Pelo menos, não antes de uma boa avaliação.

Quer ver? Reflita comigo sobre outra situação frequente.

Você está em uma reunião do trabalho. Como a pauta não lhe interessa muito, você vai ao "quadro de energia" e desliga o disjuntor da atenção. Em vez de prestar atenção no que é dito ali, agora começa a pensar naquele problema familiar que vem lhe tirando o sono. Sua atenção está desligada para o assunto presente; sua cabeça fica distante. Até que alguém lhe pergunta: "O que você acha?". Pego de surpresa, tenta disfarçar, mas não consegue achar nada porque não se lembra do que foi tratado. Nesse ponto, lhe pergunto: Adianta xingar, brigar, reclamar, cobrar da memória? Ela não estava ativa desde aquele momento em que sua atenção se desligou. A memória é uma serva obediente; fica esperando por seus comandos.

Alarme notável

Os novos estudos no campo da Neurociência atestam que nem sempre há um déficit específico de memória. As pessoas cada vez mais estão ansiosas, estressadas, com a cabeça cheia de tantas preocupações que nem sempre escutam os gritos da memória. São informações demais, novas tecnologias (até a máquina de lavar e a televisão agora são inteligentes!), fora as dezenas de senhas para bancos, sites. É um novo linguajar, novos códigos e comandos. Trocar de celular virou uma tortura!

Em vez de olhar para os lapsos como indícios da decadência iminente, é importante enxergá-los como realmente são: um notável alarme que o organismo emite todas as vezes que deseja indicar que existe algo de errado com você ou com alguém que você quer bem. Não obrigatoriamente uma doença grave e incurável – nos próximos capítulos você terá mais informações sobre o Alzheimer e aprenderá a reconhecer sinais que justificam uma avaliação médica. No entanto, em geral, os esquecimentos sinalizam algo muito mais simples, como falta de atenção e disciplina.

É natural que um lapso de memória traga ansiedade e desapontamento. Ansiedade uma vez que é legítima a necessidade de concluir uma tarefa: o estudante terminar a prova dentro do horário, o profissional levar uma solução ao chefe, o turista encantar os amigos com suas descrições de viagem, o sujeito manter uma conversa com o velho conhecido encontrado no shopping.

E desapontamento ao perceber que terá de entregar algumas questões em branco, deixar o chefe sem solução, interromper suas descrições de viagem ou decepcionar o velho conhecido porque não se lembrou de algo que antes estava totalmente acessível em sua memória. Este é o lado surpreendente do lapso de memória. Um fenômeno, porém, que não é totalmente mau. Junto com um lapso, surge também uma oportunidade de aprendizagem.

Reconhecer um esquecimento, estudar o contexto em que ele ocorreu, pensar no que poderia ter sido feito para evitá-lo são passos gigantes na busca por fortalecer seu processo de memorização e para auxiliar qualquer pessoa que relate a você problemas de memória.

Foi com as falhas da minha memória que consegui a superação e ganhei, em 2006, o título de Melhor Memória do Brasil. Essa proeza também está ao seu alcance e para isso será preciso, primeiro, fazer as pazes com sua memória. É só você sentir e observar.

Outro fato curioso sobre os lapsos de memória é que, às vezes, seu efeito é coletivo. A ansiedade na busca de uma informação pode contagiar todas as pessoas em uma roda de conversa e causar um engraçado bloqueio coletivo. Uma vez, um grupo de amigos tentava lembrar o nome de uma banda de *pop rock* dos anos 1980. Chegaram a cantarolar sua música de maior sucesso, "Mamma Maria". Mas ninguém se lembrou do nome da banda. Até que um deles teve a iniciativa de ligar para uma rádio que matou a charada. O nome da banda era Grafite.

Tudo bem, você pode dizer que hoje a questão seria resolvida mais rapidamente com uma consulta ao Google, mas quero lembrar que meu papel aqui é exatamente de provocar reflexão e proteger a memória contra esse tipo de "solução mágica", a internet que tem resposta para tudo. Como fica o papel da memória se formos

Nós queremos ser cada vez mais lúcidos

depender da internet para tudo? Não estaríamos criando uma perigosa dependência de memórias artificiais?

Por mais que você salve suas melhores lembranças em HDs poderosos e cartões SD, no fundo você sente que tudo aquilo é falível. A dependência de memórias artificiais traz um alívio momentâneo ao solucionar um problema, mas também amplia ainda mais a ansiedade.

É muito arriscado deixar-se dominar pela ansiedade. E quanto mais ela domina, isto é, quanto mais dispensamos os serviços da memória natural, mais ela se esconde. A ansiedade é como um curto-circuito que desliga os disjuntores da memória e bloqueia o acesso à informação. Voltando ao exemplo da banda de *pop rock*, os amigos poderiam ter se esforçado um pouco mais; poderiam sacar alguns métodos mnemônicos para facilitar a recordação, por exemplo, fechar os olhos e repassar mentalmente o alfabeto tentando ativar a lembrança do nome da banda, mas aderiram a uma solução que exigia menos esforço.

Outro fato que me impressiona sobre os lapsos de memória – e tenho certeza, com os quais você se identificará – é que de repente, quando você desiste da busca, a informação aparece. Foi exatamente isso que aconteceu com os amigos que tentavam lembrar o nome da banda de rock. Quando o locutor da rádio disse Grafite, todos confirmaram:

— É isso mesmo!

— Era o que eu ia dizer.

— Estava na ponta da língua.

Na "ponta da língua" significa que estava na ponta da memória. Em outras palavras, faltavam apenas alguns detalhes para o cérebro compor toda a informação que estava armazenada em algum lugar que, sim, você reconhecia a existência (afinal ninguém sofre um branco por algo que desconheça). Ao lançar o desafio de lembrar, o cérebro, com sua poderosa capacidade de processamento, requisita fragmentos de experiências anteriores e tenta montar um quadro mental. O processo de recordação funciona como um quebra-cabeça no qual a memória é a grande fornecedora das peças e o cérebro se encarrega de juntar. Tudo acontece em uma velocidade imperceptível e impressionante.

Eu sei (e você também sabe!) que muitas vezes a lembrança não vem no momento em que desejamos. Por isso ficamos ansiosos e frustrados. No entanto, se você ficasse tranquilo, se na hora H conseguisse respirar fundo e deixasse as lembranças fluírem e o cérebro funcionar, certamente a resposta viria. Porém, na prática nos apavoramos, sabotamos o processo e, pior, acreditamos estar sofrendo de problemas de memória.

Como um amigo que sempre dizia que tinha memória péssima para nomes de pessoas. Seu *hobby* era carros. Conhecia todas as marcas e todos os modelos. Se sua memória fosse mesmo tão ruim, seria para tudo, não seletivamente. Quem tem um problema cognitivo sério não memoriza nome algum, nem de gente nem de carro.

Portanto, se você adora futebol e conhece a escalação do Brasil nas seis vezes em que foi Campeão do Mundo...

Sabe de cor listas de preços...

Recita passagens bíblicas...

Lembra-se de poesias ou fórmulas que aprendeu no colégio...

O que talvez lhe falte é estímulo para guardar e recordar outras informações. Ou mais confiança em sua memória!

A insegurança trazida por lapsos sucessivos pode derrubar sua autoestima e levá-lo a desistir de seus sonhos por se achar incapaz de aprender!

A memória e os primeiros fios de cabelos brancos

Em cursos, treinamentos e palestras, muitas pessoas na casa dos 40 e 50 anos me dizem que gostariam de iniciar um negócio ou voltar a estudar, mas ficam com receio de não conseguir acompanhar as aulas e se sair bem nas provas por fazer mais de 20 anos que saíram da escola!

Nesses casos, costumo propor a elas o seguinte exercício:

Imagine que passou no vestibular e está no primeiro dia da faculdade ao lado de um garoto entre 17 e 18 anos que começou a graduação com você. Responda sinceramente: Quem tem mais noção de importância e valorização da aula? Quem tem mais senso de responsabilidade? Você ou o garoto que está descobrindo o mundo? Quem terá mais coragem (ou menos inibição) para fazer perguntas ao professor? Resumindo: quem você acha que se sairia melhor nos estudos?

Quando proponho esse exercício, normalmente percebo a mudança no semblante de meus interlocutores, que estufam o peito e respondem: "Eu iria muito melhor".

Em geral, o que se vê não é dificuldade de aprendizado, mas pessoas com baixa autoestima aliada ao preconceito. As pessoas compram a ideia cultural de que a memória acaba ao surgirem os primeiros fios de cabelos brancos. No entanto, nossas funções cerebrais não têm prazo de validade: quanto mais ativadas, melhor respondem. A motivação, o interesse, o sentido que damos a nossas tarefas é que determinarão nosso grau de atenção e memorização.

Portanto, o aluno de 50 anos pode estar em pé de igualdade com um garoto de 17 anos e produzir tanto ou até mais do que o jovem.

Não quero ser irresponsável negando que existam problemas sérios de memória, especialmente à medida que a idade chega, como veremos adiante. Contudo, proponho um basta ao "comodismo" de ficar tão focado nas supostas perdas. Vamos considerar também os ganhos do envelhecimento. A maturidade pode ser um grande trunfo!

Nós podemos envelhecer de maneira tão lúcida quanto Laura Cardoso (nasceu em setembro de 1927), Fernanda Montenegro (outubro de 1929) e Lima Duarte (março de 1930), só para citar três grandes nomes da dramaturgia nacional que passaram dos 85 anos e que seguem decorando textos e encantando o público com suas atuações porque a memória permanece viva.

O uso constante da memória garante a longevidade ativa e lúcida. Por isso, proponho que você reflita sobre a conversa que tivemos até aqui, relaxe um pouco e comece a olhar sua memória com outros olhos!

2

MEMÓRIAS ROUBADAS

Certo dia parei o que estava fazendo para prestar atenção em meu filho, Miguel, de 7 anos, que brincava de detetive com a prima na sala. Ele tinha um papel dobrado nas mãos onde haviam escrito alguma mensagem secreta que precisava esconder.

— Vou encontrar um lugar para esconder esse segredo. Um lugar onde ninguém poderá roubar — ele disse.

Ouvindo a conversa não resisti a dar meu palpite:

— Você quer um lugar seguro para guardar um segredo? Guarde em sua memória. Garanto que aí dentro ninguém conseguirá roubar!

Você já parou para pensar no poder de enclausuramento da memória? A memória humana é o lugar mais seguro do mundo para alguém encerrar uma informação.

Um cofre de ferro pode ser aberto com algumas ferramentas e um bom maçarico. A fechadura de um armário pode ser aberta com certa habilidade. Um aplicativo de celular para armazenamento de dados sigilosos pode ser *hackeado*. Mas e a memória, quem pode decifrar? Quem teria a chave para acessar as informações que existem dentro de você?

Você é um ser único assim como tudo o que é está registrado em sua memória. Sua memória é única, porque é ela quem guarda os seus traços de personalidade. A memória é quem lhe dá confiança para seguir em frente em busca de seus objetivos. Quando a memória falha, o primeiro sintoma é a falta de confiança em nós mesmos.

Pessoas que confiam seus segredos às memórias artificiais são totalmente vulneráveis. A vulnerabilidade de confiarmos nossos dados sigilosos a aplicativos criados por programadores desconhecidos que muitas vezes vivem do outro lado do mundo. Além de vulneráveis, essa dependência nos deixa também ansiosos.

A ansiedade causada pela hipótese de perder a memória é imperceptível. Talvez você não tenha pensado nisso, mas no fundo não ficamos tranquilos quando gravamos o número e as senhas do nosso cartão de crédito na memória de um celular. A verdade é que, por mais sofisticado que seja o sistema, sempre existe a possibilidade de alguém decifrar a senha e ter acesso aos nossos documentos.

A propósito, decifrar códigos é uma categoria legal de emprego na área de TI. *Hackers* da internet trabalham duro todos os dias tentando decifrar algoritmos de programação para invadir sistemas de computadores. É uma batalha de programadores para saber quem consegue ter acesso as memórias que, cedo ou tarde, serão finalmente roubadas. O roubo de memórias é mais comum do que você imagina. Veja este caso:

Depois de ter a carteira e o celular roubados em um assalto, um homem ligou para a firma onde trabalhava e pediu para o chefe avisar a família dele pelos telefones de contato registrados em seu arquivo no RH. O único número que ele recordou foi o da empresa. Todos os demais, inclusive o de sua esposa, estavam guardados na agenda do celular. Este é um exemplo de roubo de memória. Pior do que o preço do celular foi descobrir o quanto ele era dependente de um aparelho eletrônico.

Quantas pessoas você conhece que já viveram situações semelhantes?

Quantas pessoas não perderam tempo e oportunidade por causa de uma falta de bateria, perda de aparelho ou falhas em um sistema?

Essa dependência eletrônica não acontece só entre nós, brasileiros. Foi observada em um estudo que examinou hábitos de memória de 6 mil adultos de oito países (Reino Unido, França, Alemanha, Itália, Espanha, Bélgica, Holanda e Luxemburgo). A pesquisa, realizada pela empresa mundial de segurança cibernética Kaspersky Lab e divulgada em outubro de 2015, verificou que mais de um terço das pessoas apela primeiro para dispositivos computacionais na hora de recordar informações.

Memórias roubadas

A conclusão dos cientistas é preocupante: o uso indiscriminado de tecnologias digitais como se fossem uma extensão do próprio cérebro está enfraquecendo a memória humana. Os autores alertaram para a chamada "amnésia digital", fenômeno decorrente do fato de que as pessoas não se concentram em guardar informações importantes na crença de que poderão ser imediatamente recuperadas de um dispositivo digital.

A grande ironia é que, se por um lado vivemos em um mundo onde a tecnologia acelera cada vez mais nossa vida, por outro vemos algumas funções do cérebro experimentarem um processo de lentidão nas tomadas de decisão. Tente entender...

O cérebro reforça a memória cada vez que uma informação é recordada na massa cinzenta. Quanto mais você acessa a mesma informação, mais rápida sua memória se torna. Logo, o processo de recordar é uma maneira eficiente de criar e reforçar memórias de longo prazo.

O tempo médio de recordação de algo é de aproximadamente 250 milésimos de segundo. Consultamos a memória a todo instante. Cada metro de asfalto enquanto dirigimos um carro, cada tarefa que realizamos no ambiente de trabalho, cada palavra que lemos em um livro. Nossa memória é consultada em todas as tomadas de decisão e o processo é rápido e imperceptível.

Lembra-se de quando tinha muitos números de telefone gravados em sua memória? Antes mesmo de apertar o primeiro botão, você tinha carregado em sua memória de trabalho o número inteiro. A perda de velocidade no processo de recordação pode ser um indicador de problemas de memória.

Uma memória forte e bem abastecida aumenta sua velocidade de raciocínio. E uma mente rápida é objeto de admiração, não importa a idade que você tenha. Aliás, quanto mais idade e quanto mais rápido o raciocínio, mais admiração você conquista. Por isso, é um problema sério parar de usar a memória. O contrário é verdadeiro: você só melhora a velocidade da memória usando a própria memória.

Em contrapartida, quando as pessoas repetem dados passivamente, isto é, sem atribuir importância, como se faz ao pesquisar um tema várias vezes na internet e saber que ela sempre estará ali quando precisar, não há reforço no processo de memorização. A informação colhida na pesquisa é interpretada como irrelevante e logo esquecida.

Antes de prosseguir, gostaria de esclarecer que não tenho nada contra *smartphones*, *tablets*, computadores e outros aparelhos *high-tech*, mesmo porque tenho formação nessa área. Também não estou aqui para condenar quem usa lápis e papel como formas mais tradicionais de memória artificial. O que defendo é que esses acessórios sejam usados de maneira inteligente. O que me incomoda é a dependência que a relação com esses meios tem gerado e o efeito nocivo sobre a memória.

Cada vez que um desses dispositivos falha, perdemos com ele algum tipo de memória. Simbolicamente, são nossas memórias roubadas. Muitas vezes essa perda pode gerar algum tipo de prejuízo. Pior: quanto mais você se distancia de sua memória, mais perde oportunidade de formar novas lembranças, o que pode atrapalhar o seu futuro.

Paradoxos da atualidade

Na década de 1930, um repórter teria perguntado ao gênio Albert Einstein qual percentual usávamos do cérebro humano. Dizem que, para se livrar do insistente repórter, o físico alemão falou um número que lhe veio à cabeça: 10%. Esse dado se transformaria em notícia que foi reproduzida em todo o mundo. Embora difundida, a veracidade dessa história não foi confirmada.

Memórias roubadas

Há quem prefira atribuir a porcentagem a um psicólogo da Universidade Harvard (Estados Unidos), William James. Na década de 1890, James teria escrito: "Nós só estamos fazendo uso de uma pequena parte dos nossos recursos mentais e físicos".

Apesar da origem duvidosa, o mito se espalhou. As pessoas passaram a acreditar que usávamos um décimo da mente humana e que teríamos 90% para explorar. Formadores de opinião adoraram esse número, porque era fácil argumentar para uma pessoa desinformada que as coisas não vão bem porque ela só usa 10% de sua capacidade mental. Essa notícia ajudou a vender fórmulas milagrosas que ensinavam a despertar os outros 90% "adormecidos" da mente.

Hoje sabemos que as coisas não são bem assim. Os estudos da neurociência desmontaram essa tese. Sabemos que todas as funções do corpo humano existem para uma finalidade, ou seja, você tem 100% do cérebro à disposição, embora não utilize tudo a todo momento. Por exemplo, enquanto lê este livro você não está fazendo nenhuma operação matemática – pelo menos eu presumo que não. No entanto, não pode negar que essa habilidade existe e está pronta para uso dentro de você.

Suponha que neste momento você sinta uma vontade incrível de organizar suas despesas do mês. Nesse caso, sua habilidade de leitura e compreensão de textos seria minimizada e seu cérebro lógico matemático seria colocado para funcionar. Entenda: é inviável para nosso organismo usar 100% do cérebro ao mesmo tempo, porque, se fosse possível, o corpo entraria em colapso. Entretanto, não podemos negar que ele está 100% à nossa disposição.

É razoável aceitarmos, também, que não somos máquinas, e que existem doenças a limitar o uso de nosso organismo. A doença de Alzheimer é um exemplo de limitação da capacidade de uso da memória. Ela impede a pessoa de acessar memórias básicas necessárias para o convívio social. Como foi mostrado no início deste livro, o medo de não poder se lembrar das coisas, apontado por 65% das pessoas, faz com que busquemos incansavelmente formas de afastar esse risco.

Quando o assunto é a limitação do uso da memória, veja a que situação chegamos:

> De um lado, a indústria farmacêutica pesquisa medicamentos capazes de melhorar o desempenho da memória natural. De outro, as ciências tecnológicas procuram criar equipamentos e aplicativos que permitam o armazenamento de nossas experiências em memórias artificiais. E no meio desse fogo cruzado estão as pessoas comuns, que assistem a cada lançamento das indústrias enquanto comemoram o aumento da expectativa de vida (em torno de 71,6 anos para os homens e 78,8 anos para as mulheres, segundo dados divulgados pelo IBGE em dezembro de 2015).

Então aqui temos finalmente um problema:

> Estamos vivendo mais e multiplicando nossa capacidade tecnológica com possibilidades antes inimagináveis de armazenar e acessar a informação. Por outro lado, quanto mais investimos em tecnologia, mais estamos nos tornando esquecidos. O que está acontecendo com nossa civilização?

Na dúvida sobre que caminho tomar, ou seja, incertos do que é mais seguro – confiar na memória natural ou deixar tudo a cargo da memória artificial –, há quem atire para todos os lados: escreve bilhetinhos e deixa no bolso. Cola recados na tela do computador, marca na agenda de papel, digita no aplicativo do celular. E na hora se esquece do compromisso. Só faltou combinar com a memória.

É como aquele sujeito que faz marquinha na mão para recordar alguma coisa, olha para a marquinha e diz: "O que é essa marquinha mesmo? Sei que era importante". Mas a lembrança não vem.

Hoje temos a impressão de que qualquer estratégia vale para tentar salvar a memória. Até empregar uma solução bizarra, como aquele personagem do filme *Amnésia*, de 2001, dirigido por Christopher Nolan. Vítima de uma tentativa de assassinato, o sujeito recorre a tatuagens feitas em todo o corpo para se lembrar. Por meio dessas imagens ele tenta reconstruir a própria história.

O problema é que as memórias artificiais são falíveis. Quando entrei na faculdade, gravava o conteúdo das aulas em disquete. Agora, nem dá para acessar os arquivos armazenados ali. O equipamento para leitura da memória dos disquetes não existe mais. São como páginas de um antigo diário escritas à mão, borradas pela chuva ou comidas pelas traças. Memórias artificiais apagam, queimam, quebram, travam...

Por mais que se invista em tecnologia, sempre haverá uma dúvida, pois aquele equipamento pode falhar. Já presenciei palestrantes travarem no palco porque o computador falhou, o que os impediu de continuar a apresentação. Criaram uma memória artificial e nem assim ficaram seguros.

O paradoxo pode ser vivido mais intensamente por pessoas de mais idade com certo grau de resistência a mudanças em função de fatores físicos, emocionais e circunstanciais. Elas se dividem em dois grupos.

As menos resistentes valorizam e estimulam diariamente a memória natural envolvendo-se em atividades que exigem memória como trabalho, pesquisa, leitura, escrita, conversas, participação ativa em grupos sociais, políticos e religiosos. Pessoas de idade avançada, mas com a mente aberta para os estudos, os desafios e as novidades que o mundo lhes oferece.

Em outra ponta, temos as pessoas totalmente resistentes à mudança e que por isso vivem das experiências do passado. Como elas buscam velhas soluções para novos problemas, não encontram respostas na memória para os desafios de um mundo em constante evolução. Essas pessoas têm a cabeça fechada e demonstram rejeição a computadores, *notebooks*, *tablets*, *smartphones*. Conheço muitas pessoas assim, avessa à tecnologia, que são analfabetos digitais ou, para usar um termo mais atual, *analfabites*. Elas vivem o conflito de estar em um mundo que não é aquele ao qual estavam acostumadas e que exige novas habilidades.

A preguiça mental cria uma zona de conforto que, sim, nos ajuda a economizar energia, como um atalho para chegar mais rápido a um local, mas ela também inibe a exposição a novas experiências. As estradas que precisamos percorrer em busca de soluções para novos desafios às vezes são mais longas e nos fazem gastar um pouco mais de combustível, mas são estimulantes. Os novos estímulos fazem bem ao cérebro, pois ajudam a nos manter jovens. No entanto, é preciso ter consciência de que a preguiça mental pode sabotar nossa memória.

Estudos sobre a neuroplasticidade, que é a capacidade do cérebro de mudar formando novas conexões para atender a novos estímulos, demonstraram que pessoas com a mente aberta vivenciam novas experiências que exercitam o cérebro, alterando todo o seu funcionamento, seu suprimento de sangue e de energia, bem como a força de suas operações. Portanto, a mente aberta não melhora apenas uma habilidade em si, mas todo o maquinário cerebral.

Dei de presente à minha mãe um celular novo. Ela está aprendendo a usar os aplicativos, como WhatsApp, Facebook, Instagram. Eu observo o seu vocabulário aumentar e sua memória expandir-se com termos tecnológicos que não existiam ou tinham outro sentido em sua época: *selfie*, postar, curtir, *hashtag*, compartilhar.

Se pudéssemos olhar o cérebro dela com uma lupa especial, veríamos uma parte trabalhando no limite, decretando: "Isso não é pra mim, já estou velho". Contudo, veríamos, também, outra parte se esforçando, vibrando como uma criança pela oportunidade de contato com o novo conhecimento.

Como sei que ela está motivada para o novo? Simples: foi ela quem pediu o celular de presente e sou eu quem tenho que ajudá-la quando ela tem alguma dificuldade. E como a iniciativa partiu dela, significa que existe uma mente aberta e um cérebro querendo trabalhar. O desejo de melhorar é um primeiro grande passo para evitar os problemas de memória que podem se desenvolver com o aumento da idade.

A perda de confiança na memória é um problema sério entre os idosos. Eles estão vivendo mais, querem iniciar novos projetos, viajar. A expectativa de vida segue firme rumo aos 80 anos, especialmente nas pequenas cidades, onde a qualidade de vida é maior. Por isso, acreditar que a memória acaba aos 40 significa passar metade da vida reclamando. Tenho certeza de que você não deseja isso para você ou para as pessoas que ama. Sim, existe boa memória após os 40 anos.

No entanto, como citado anteriormente, entre os jovens também percebo muita reclamação. Cerca de 45% do público que visita meu site sobre memorização tem entre 18 e 35 anos. São estudantes que não conseguem memorizar as matérias para o vestibular, vendedores que esquecem detalhes dos produtos, cidadãos que esquecem objetos de valor por onde passam, pais que não conseguem se lembrar dos compromissos assumidos com os filhos.

Seja qual for a idade em que aconteçam, os apagões sinalizam a necessidade de cuidar bem da memória para poder contar com ela hoje e no futuro. Afinal, esquecimentos trazem prejuízos, às vezes graves.

De prejuízo em prejuízo

Lembro de uma vez em que ministrei uma palestra em Votuporanga, noroeste de São Paulo. Arrumei a mala e fechei com a sensação de que estava me esquecendo de algo. Dirigi por mais de duas horas com aquela sensação me atormentando.

"Acho que estou me esquecendo de alguma coisa..."

Ao chegar ao hotel e desfazer a mala, percebi que havia esquecido o sapato. Para minha sorte, ao lado do hotel havia várias lojas e uma delas era de sapatos. Consegui comprar um novo par a tempo. Do contrário teria que fazer a palestra de tênis.

O estudo das ciências cognitivas ajuda a esclarecer a causa de esquecimentos de tarefas básicas, coisas que nos deixam indignados.

"Como pude me esquecer isso?"

Tais eventos decorrem da repetição. Já a capacidade de repetir a mesma experiência sem ter de pensar nela, como dirigir um carro, por exemplo, significa que seu cérebro e memória foram treinados exaustivamente e isso explica a precisão, a habilidade e a experiência.

Essas três virtudes estão intimamente ligadas aos mecanismos de memória de longo prazo. No meu exemplo do esquecimento do sapato, como ao longo da minha carreira arrumei a mala milhares de vezes, isso proporcionou a memorização. Então imagine quanto eu tinha de experiência, habilidade e precisão no ato de fazer as malas. Talvez você pergunte:

— Mas, com tanta experiência, como você poderia esquecer algo básico?

Acontece que não adianta ter uma boa memória se você não tiver o mínimo de atenção. Por mais que tenha um evento testado na memória, a falta de atenção pode nos induzir ao erro. Naquele dia, a falta de atenção fez meu cérebro registrar como realizada uma tarefa que eu ainda não havia feito. Ou seja, existiam na memória registros antigos do ato de "pegar os sapatos", o que me induziu ao erro.

Um leigo poderia colocar a mão na testa e supervalorizar esse esquecimento:

— Deus, esqueci meus sapatos. Que droga de memória!

Tal queixa poderia fazê-lo acreditar na falácia da memória ruim. No meu caso, aquele esquecimento foi tratado como um fenômeno normal e sem maiores repercussões. Sabia exatamente o que estava acontecendo e adotei medidas para que não a memória, mas a falta de atenção não me traísse mais.

Outro caso aconteceu com um empresário que foi conhecer os Estados Unidos. Terminada a temporada, ele arrumou as malas e foi para o aeroporto. No *check-in*, quando devia apresentar os documentos, percebeu que havia esquecido o passaporte no cofre do hotel. Teve que voltar para apanhá-lo e, até retornar ao aeroporto, acabou perdendo o voo. Precisou dispor de 4 mil dólares para remarcação de passagem.

Muitas vezes, um prejuízo dessa ordem leva a pessoa a se deslocar mentalmente da cena e procurar um culpado. E nessas circunstâncias é muito comum a memória pagar o pato e ser avaliada de modo negativo. No entanto, se fizer um recorte na cena, verá que não foi culpa dela. O esquecimento no caso resultou da falta de organização e de algum mecanismo de checagem.

Em 2012, o primeiro-ministro britânico David Cameron esqueceu a filha Nancy, de 8 anos num *pub*. Segundo o jornal inglês *The Guardian*, ele estava com a esposa e amigos almoçando no local. Quando o grupo se preparava para ir embora, Nancy foi ao banheiro sem avisar a família. David Cameron e a esposa saíram em carros separados. Ele, supondo que a menina estava com a mãe; ela, achando que a menina saíra com o pai. Só perceberam a falta da filha ao chegarem à residência oficial do primeiro-ministro no campo, em Chequers, onde passariam o fim de semana. Ligaram imediatamente para o *pub*, confirmaram que a menina ficara ali e foram buscá-la correndo. Apesar de bastante noticiado, o fato não teve um desfecho trágico, nem maiores repercussões.

Os custos de um esquecimento podem ter várias ramificações do ponto de vista temporal, financeiro e moral para as pessoas, as famílias e as empresas.

O prejuízo de tempo é evidente na maioria das situações. Afinal, os verbos mais conjugados por quem esquece são retornar e refazer, porém, esse verbo não costuma vir sozinho.

Vamos pensar em um estudante de Direito. O tempo exato de duração do curso é de cinco anos. No último ano, ele pode fazer o exame da Ordem dos Advogados. Acontece que, ao olhar para a memória, ele não consegue se lembrar do que estudou nos últimos anos, porque também não recebeu dos professores instrução adequada sobre como estudar e memorizar o que aprendeu. Por não se recordar do que aprendeu na faculdade, tem de refazer os estudos partindo do zero. Um prejuízo temporal que o faz entrar em um cursinho preparatório com a duração de um ano. Daí o que resolveria em cinco anos se arrasta por seis, sete ou mais anos para conseguir ganhar dinheiro com o seu título acadêmico, o que tem um custo temporal, financeiro e moral.

Outro exemplo de perda de tempo decorrente de esquecimentos – sem considerar o prejuízo financeiro envolvido, uma vez que na sociedade capitalista tempo é dinheiro. Ao proferir palestra sobre memorização na Caixa Econômica Federal, soube que todo mês essa instituição tem de fazer meio milhão de recadastramentos de senhas dos programas sociais. O beneficiado vai lá com o gerente, cria uma senha e recebe o benefício. Minutos depois de sacar o benefício, ele não se lembra mais da senha. No mês seguinte precisa cadastrar uma nova.

Alguém poderia sugerir que a senha fosse escrita num pedaço de papel. No entanto, câmeras de segurança flagraram, em meio à multidão que se forma nos caixas eletrônicos, pessoas mal-intencionadas que olham ou, de celulares nas mãos, fotografam discretamente possíveis senhas escritas para fazer saques ilícitos.

Esse esquecimento de senha também não decorre da falta de memória, embora ela leve a culpa, mas da falta de orientação sobre como criar uma boa senha.

___ Custo assombroso

Nos Estados Unidos estima-se que 77 bilhões de dólares são gastos anualmente com distração. Parece muito? Você verá que não é. Os prejuízos financeiros das famílias e empresas podem ser astronômicos.

Darei a você um ótimo motivo para desejar ter a melhor memória do mundo. Basta verificar quanto uma pessoa sem noções de técnicas de memorização perde todos os anos em dinheiro por causa de simples esquecimentos. É muito simples descobrir. Faça as contas:

1) pense em algo que você esqueceu;
2) relacione num papel todos os passos que teve de seguir para corrigir o problema;
3) faça um levantamento de quanto custou cada um deles, inclusive o tempo;
4) agora some tudo.

Os valores podem impressionar.

Veja este exemplo: o *office boy* está saindo para fazer uma entrega para um cliente e alguém lhe pede para deixar alguns documentos em outro local na mesma região.

Por alguma razão – e existem diversas que discutiremos ao longo deste livro –, ele se esquece do pedido. Qual o custo desse esquecimento? Quanto tempo e dinheiro a empresa poderia ter economizado se ele não tivesse esquecido?

— Tudo bem. Isso acontece em qualquer empresa e, afinal, o prejuízo não foi tão grande assim. — Você poderia dizer.

Podemos concordar que isoladamente a hora de um *office boy* ou o litro de combustível não sejam tão caros assim, embora eu acredite que custo é custo e gastar dinheiro desnecessariamente não é nada bom para a saúde de uma empresa.

Contudo, se esquecimentos do gênero acontecerem duas ou mais vezes por dia, esse número já começa a ficar mais alto. Multiplique isso por 52 semanas e por algumas dezenas de funcionários e avalie seu prejuízo anual. Você terá um valor considerável para calcular.

Se investigar, descobrirá que os maiores problemas que ocorrem em uma empresa podem ter como pano de fundo uma distração ou esquecimento. Esquecer-se de ligar, desligar, conferir, entregar, retornar e avisar está entre as justificativas de muitos desastres.

Conversando com profissionais e empresários cheguei a uma estimativa média de custo: uma empresa pode gastar até 2 mil reais por ano com esquecimentos. Detalhe: por funcionário. Vale lembrar que isso é uma estimativa, afinal, ninguém sabe como, onde e quando será o próximo esquecimento. No entanto, o prejuízo explicará por que algumas contas não fecham.

Como se não bastasse, alguns funcionários conseguem extrapolar absurdamente esse valor com um único esquecimento. Um funcionário de uma empresa de Florianópolis se esqueceu de checar a data da entrega de uma proposta de licitação, o que rendeu um prejuízo de 3 milhões de reais. Um gerente de uma empresa de Porto Alegre se esqueceu de confirmar se o aeroporto de Caxias do Sul estaria aberto para entrega de uma encomenda urgente. Não estava. O prejuízo chegou a 58 milhões de reais.

Ganhou notoriedade o caso de uma operadora de caixa que se esqueceu de registrar o bolão da Mega-Sena na lotérica de Novo Hamburgo, no Rio Grande do Sul. O prejuízo foi de mais de 50 milhões de reais e quase custou também a pele da coitada.

Imagine o prejuízo de uma família quando a filha jovem esqueceu na mesa da Praça de Alimentação de um shopping o *iPhone* 6 que tinha acabado de ganhar de presente do pai. Ou da mulher que "perde" num lugar público a sua bolsa Louis Vuitton recheada de dinheiro, documentos, cartões de crédito e maquiagens importadas.

E o de um corretor que se esquece de renovar o seguro do carro de um cliente. Provavelmente será menor do que o do piloto que se esquece de ligar o *transponder* do jato executivo, e pode, assim, causar um grave acidente aéreo.

Pense: Você se lembra de seu último esquecimento e do prejuízo que lhe causou? Não importa se foi pouco ou muito, você concorda que ele poderia ter sido evitado se você soubesse usar melhor sua memória?

A perda mais inconveniente

O pior problema causado pelos esquecimentos, no entanto, talvez seja o prejuízo moral. Esquecimentos podem magoar alguém, causar constrangimento, frustração, rupturas e decepção. Pense em um pai ou uma mãe que esquece o jogo do campeonato de futebol do filho ou da apresentação da filha.

Um conhecido esqueceu o aniversário de casamento. Ao chegar em casa, sua esposa havia preparado um cardápio especial para o jantar. A mesa estava decorada como em dia de festa, à luz de velas. Ainda ligado nos problemas do trabalho, ele comentou de maneira descuidada:

— Mas o que deu em você? Está ficando louca?

Percebendo que o marido não se recordava mesmo da data, ela se levantou ofendida, jogou a comida no lixo e foi deitar chateada. Ele ficou vendo TV até tarde. Na manhã seguinte, quando o celular despertou e ele viu a data na tela, finalmente se lembrou do aniversário de casamento. Tentou se desculpar, mas a esposa nem quis ouvi-lo. Passou o dia sem falar com ele. A tensão só se desfez depois que ele a levou para jantar em um dos melhores restaurantes da cidade e a surpreendeu com um belo presente.

O esquecimento pode manchar a reputação e causar uma desestabilização na confiança da pessoa ou do profissional, afinal de contas, quem confiaria uma missão a um sujeito esquecido? Alguém que se esquece de dar um recado urgente, não se lembra do nome de um cliente especial ou deixa de fazer uma tarefa essencial – como aquela operadora de caixa que não registrou o bolão; depois disso quem confiaria a ela a sua aposta? O esquecimento pode riscar profundamente a imagem de uma pessoa.

Uma aluna que chamarei de Luciana (nome fictício), 34 anos, viveu isso na pele. Ao fazer uma viagem pela Europa com duas amigas, sua função era providenciar as reservas do hotel enquanto as amigas se encarregaram das passagens aéreas. Ao chegarem ao hotel, perceberam que a reserva era para o dia 31 de outubro de 2016 e não para 31 de outubro de 2015. Foi um alvoroço conseguir local para se hospedarem.

Em outra ocasião, coube a ela comprar as passagens aéreas. Luciana fez tudo com calma, prestando bastante atenção ao ano para não cometer o mesmo erro. Programou-se para viajar em uma quarta-feira, às 9 horas da manhã. Ao chegar ao aeroporto para o *check-in* descobriu que na verdade a passagem adquirida era para quinta-feira. Teve que passar um dia a mais na cidade e arrumar hospedagem às pressas.

Certa vez, durante um passeio, percebeu que sua bolsinha de moedas, na qual também guardava alguns documentos, havia sumido. Luciana tinha quase certeza de que a deixara no hotel, na mesinha ao lado de sua cama, então procurou se acalmar e aproveitar o passeio. Ao voltar para o hotel, viu que a bolsinha não estava naquele local. Perguntou para a recepcionista se a haviam encontrado. A resposta foi negativa.

Luciana suspeitou, então, de que podia ter ficado dentro do armário – cada hóspede tinha um armário privativo no quarto. Ela, porém, não lembrava onde tinha deixado a chave do armário. Foi preciso arrebentar o cadeado. A bolsinha, felizmente, estava lá. Luciana desconfiou de que a chave estivesse dentro da bolsinha... mas não estava. Luciana parou, sentou e respirou fundo. Depois, encontrou a chave dentro do bolso da calça que estava usando.

"Ninguém confia mais em mim para fazer as coisas", contou-me quando veio procurar auxílio para melhorar sua memória. As pessoas que conviviam com ela passaram a perceber quanto ela era desatenta e a não levá-la mais a sério.

Também tive a oportunidade de acompanhar um político de 48 anos às voltas com problemas de memória. Ele não conseguia se lembrar dos nomes das pessoas. Chamava todo mundo de "meu querido". Em alguns momentos, seus discursos eram interrompidos porque faltava uma palavra. Tinha que contar com o socorro de um assessor para completar sua fala. Esses lapsos eram motivo de grande preocupação e constrangimento, por isso ele pediu ajuda para administrar o problema.

A atriz e comediante Claudia Rodrigues passou por maus bocados quando começou a ter dificuldade para lembrar o texto. Era um sintoma de esclerose múltipla, doença neurológica que, além da memória, afeta a coordenação motora, causando dificuldades para andar e falar. Na época, Claudia protagonizava a série *A diarista*. Ela se assustou, pois nunca antes tivera problemas para decorar, inclusive quando o texto chegava em cima da hora. Abatida, teve de cancelar as gravações e se afastar para tratamento. Sua carreira estava sendo prejudicada pela falta de memória. Trata-se de um caso extremo, pois os lapsos, aqui, estavam sendo causados por uma doença.

Enfermidades como a doença de Alzheimer também podem provocar um déficit cognitivo e, nos estágios avançados, deixar a pessoa dependente de cuidados alheios. O padre Fábio de Melo disse em uma palestra para empresários, e em um vídeo que circula pela internet (https://www.youtube.com/watch?v=VGIuYIk-TtU), que na vida há o momento de servir o outro e o de ser servido pelo outro. Perguntou: "Vocês estão preparados para entrar no território desconcertante da inutilidade? Aquela em que vão depender de alguém para trocar de roupa, alimentar-se, lembrar-se dos compromissos e ajudar a reconhecer as pessoas, inclusive mais próximas?".

Cuidar bem da memória favorece a autonomia e atrasa o período de ser servido pelos outros. A memória cria intimidade, laços, pontes. Por isso, há tristeza e temor quando essas pontes são desfeitas.

A sensação de que os brancos na memória estão se tornando mais frequentes pode ser um indicador de problemas médicos. No entanto, também é sinal de que a pessoa anda muito sobrecarregada, sob intensas cobrança e pressão, o que acarreta a desatenção.

Reflita: O que aconteceria se assumisse uma postura mais atenta diante das tarefas? Qual seria o resultado de fazer seu trabalho, conferi-lo e verificar se ficou algo por fazer? Certamente você se tornaria mais assertivo, eficiente e evitaria custos inesperados.

Grandes projetos, sonhos, desafios pedem uma boa memória. Nos próximos capítulos, você encontrará ferramentas para evitar esquecimentos. Não necessariamente tecnológicas, do tipo que libera um alarme sonoro no celular, mas hábitos que podem ser adotados de modo a facilitar a memorização e a recordação.

Antes, porém, é preciso conhecer melhor a memória e o que nos impede de mantê-la em plena forma. No próximo capítulo, vamos começar a decifrar o código para melhorar a memória de um ser humano.

3

MEMÓRIA DE PEIXE
OU DE ELEFANTE?

Memória de peixe ou de elefante?

No dia 4 de julho de 2003, uma nova metáfora surgiu para incorporarmos em nosso vocabulário. Depois dessa data, para colocar em dúvida a qualidade da memória de uma pessoa, bastava dizer que ela possuía uma *memória de peixe*. O apelido é uma referência à desmemoriada Dory, personagem do estreante filme da Disney *Procurando Nemo* e da sequência *Procurando Dory*, lançada em 2016.

Agora, com o objetivo de fazer um elogio à capacidade de recordação de um ser humano, o mais comum é recorrer a um adjetivo que ainda é muito popular:

"Parabéns, você tem uma *memória de elefante*."

Há milhares de anos circulam lendas e curiosidades sobre a "memória de elefante". Os estudos realizados nas últimas décadas confirmam que o maior animal terrestre merece a fama de ser um dos mais inteligentes do planeta. E não é para menos.

Elefantes reconhecem a própria imagem no espelho, usam galhos como ferramentas para espantar moscas, elaboram e implementam planos conjuntos para solução de problemas e demonstram empatia com os companheiros. São capazes de reconhecer chamados de mais de cem tipos diferentes de outros elefantes mesmo separados a uma distância de 1,5 quilômetros. Graças a sua extraordinária habilidade de comunicação pelo solo, as vibrações geradas pelo bater das patas de um grupo distante em perigo podem ser percebidas por meio das próprias patas ou da tromba.

Essa percepção das ondas sonoras pode ter sido a responsável pela reação desses mamíferos quando do *tsunami* que atingiu 14 países do Oceano Índico no dia 26 de dezembro de 2004 e matou mais de 230 mil pessoas. Os elefantes correram para lugares altos ao pressentirem a chegada da onda. Os animais que estavam presos escaparam de suas correntes. Em Khaolak, na Tailândia, 12 elefantes que passeavam com turistas demonstraram agitação e começaram a emitir sons com a tromba horas antes do *tsunami*, quando ocorreu o terremoto submarino na costa da Sumatra.

Faça-me um favor: releia os dois parágrafos anteriores, mas coloque-se no lugar de um cientista. Pense por alguns minutos na complexidade de todas as ações descritas e tente imaginar também por onde você começaria seus estudos caso resolvesse reproduzir, na mente humana ou mesmo em um computador, todas elas.

O que podemos concluir é que o elefante é de fato um animal admirável, não é verdade? Como se não bastasse, eles ainda são capazes de se lembrar de rostos por décadas. Quando encontram uma ossada de elefante, eles a vasculham para verificar se pertence a algum conhecido. Depois de adultos, voltam para o lugar onde nasceram e se recordam da localização de nascentes de água a quilômetros de distância, às quais retornam ano após ano.

Uma das explicações para essas habilidades é o elevado número de células cerebrais. Segundo pesquisas da neurocientista Suzana Herculano-Houzel e colegas do Instituto de Ciências Biomédicas da Universidade Federal do Rio de Janeiro, o elefante tem três vezes mais neurônios do que os humanos: 257 bilhões contra nossos 86 bilhões. Mas o que seria de toda essa potência cerebral se o elefante não possuísse uma memória de elefante?

Todos os dias recebo mensagens de pessoas com uma memória incrível, mas que vivem como se tivessem memória de peixe. O que falta para a maioria de nós que reclamada memória é conhecimento sobre seu funcionamento.

Conhecer a memória pode transformar a sua vida mnemônica da mesma forma que um dia transformou a minha.

Não pretendo dizer que nossa memória não esteja sujeita a falhas, entretanto, quero incentivá-lo a explorar os pontos positivos do cérebro e descobrir quanto sua memória pode lhe oferecer. O primeiro passo nessa jornada será identificar as causas dos lapsos de memória e o que você poderá fazer para evitá-los.

____ Não existe vida sem memória

Como vimos até aqui, o elefante tem uma memória extraordinária, entretanto, a boa memória não é exclusiva dessa espécie. Veja outros exemplos:

Os pássaros migram para o sul todos os anos no inverno e no calor retornam ao seu hábitat original, demonstrando excelente memória de localização espacial.

Os cardumes de peixes desovam sempre no mesmo lugar.

Cães pastores como o *border collie*, uma das raças caninas mais inteligentes, podem aprender 300 comandos no adestramento (memória auditiva).

As árvores obedecem a um ciclo: perdem suas folhas no inverno e liberam sementes na primavera (memória temporal/biológica).

Pense por algum tempo sobre isso. Observe todos os seres vivos ao seu redor. Tudo o que tem vida, obrigatoriamente, tem memória.

A minúscula formiga que desbrava as imensas paredes da sua casa tem memória suficiente para fazer o caminho de volta ao formigueiro.

A abelha que viaja quilômetros para colher o néctar da flor consegue retornar à colmeia como se ela estivesse a poucos metros de distância.

Se existe vida, existe a necessidade de preservação da vida, ou seja, a necessidade de sobreviver.

Uma das melhores evidências da existência de memória é a capacidade de reconhecer um predador e a de retornar ao nosso ambiente de proteção. Com exceção das plantas e dos vegetais que estão enraizados e não conseguem se deslocar, aparentemente todos os seres vivos possuem habilidade para reconhecer predadores e oportunidades.

Responda: quando você e uma barata se encontram no meio da cozinha, quem é o primeiro a tomar a iniciativa de sair correndo?

É razoável aceitar que o que faz a barata reconhecê-lo como predador e correr de volta ao lugar de onde veio é um sistema de memória. Se não fosse isso, ela ficaria parada no local esperando a mortal chinelada.

A incapacidade de se lembrar de onde veio é um forte indicador de sérios problemas de memória no ser humano.

A grande questão não é a pessoa ir de um cômodo para outro e lá não se lembrar do que tinha de fazer. Isso às vezes acontece. É absolutamente normal. Devemos nos preocupar de verdade é com não sermos capazes de nos lembrar de que cômodo viemos.

Você já viu uma pessoa sem memória?

Por mais que se esforce, ela não é capaz de voltar para casa, porque não lembra onde é a casa. Isso é um problema sério.

O esquecimento tem muitas causas, como será explicado ao longo deste capítulo. Algumas são relativamente fáceis de identificar e resolver, outras exigem acompanhamento médico e exames mais complexos. A boa notícia é que para todas elas existe algum tipo de solução. É isso que investigaremos daqui para a frente.

Desvendando a memória

Mas o que é exatamente memória? Talvez o melhor modo de explicá-la seja pelo uso de metáforas. Se o cérebro fosse o motor de um carro, a memória seria o combustível.

A memória pode ser entendida como o barro de argila que a mente usa para moldar o pensamento. Ou, ainda, o cofre mais seguro onde guardamos nossos segredos mais íntimos, que não queremos mostrar a ninguém: um amor secreto, um fato constrangedor presenciado, um assédio sofrido no passado, *bullying*, ameaças, coações, mentiras inventadas...

Uma tia surpreendeu a família durante um encontro familiar quando compartilhou um segredo. Contou que, embora estivesse casada com meu tio há mais de 60 anos, nunca o amara. Gostava de outra pessoa. Foi uma revelação!

O alcance da memória, porém, é muito mais amplo. Para lá enviamos informações das mais diversas origens, portanto, ela armazena conhecimento de todo tipo: da sequência das letras no teclado do computador aos ingredientes de um bolo. E esse conhecimento acumulado nos permite agir, reagir, proteger nossa vida, buscar oportunidades, crescer profissionalmente...

Assim, a memória guarda virtudes, valores morais, nossa personalidade, habilidades profissionais e também histórias de lutas, sacrifícios e relações afetivas. Tudo o que fazemos ao interagir com as pessoas é acionar a memória em busca de soluções.

Contudo, as soluções nem sempre estão prontas, à nossa disposição. Às vezes temos um problema, consultamos a memória, mas não encontramos o que procuramos. Então percebemos que é preciso criar uma solução. Nesse caso, a memória, embora não traga respostas imediatas para o novo problema, é capaz de oferecer um enorme leque de opções que, combinadas, proporcionam uma solução inovadora. Entenda: a criatividade ou inovação deriva da manipulação do conhecimento vivenciado anteriormente. Tipos de memórias diferentes são acionados e combinados para responder ao desafio.

Podemos dizer então, que a missão da memória é servir. Assim, devemos colocar a memória para nos servir com o objetivo de adiar ao máximo a fase em que seremos servidos pelos outros, como alertou o padre Fábio de Melo.

___ Onde guardamos nossas lembranças?

Apesar dos avanços na neurociência, até hoje os pesquisadores não conseguiram mostrar qual é o endereço da memória. Por exemplo: você precisa lembrar a data de nascimento de um parente. O simples ato de pensar nessa pessoa desencadeia em seu cérebro reações químicas e estímulos elétricos dos quais emergem uma recordação: a data de aniversário.

A pergunta que ainda não tem resposta: Onde estava escrita essa informação? A data de aniversário estava em algum local exclusivo do cérebro, mobilizando diversas áreas da massa cinzenta, ou estava dentro de alguma célula espalhada pelo corpo? A memória está dentro do nosso organismo ou fora, como parte de um conhecimento universal acessado por mecanismos cerebrais que ainda não compreendemos?

O que podemos concluir é que a memória, como a conhecemos, não é exatamente um local como as pessoas costumam pensar, mas uma função do cérebro que na maior parte do tempo cumpre com excelência sua tarefa.

O que nos assusta é quando ela não entrega completamente o que queremos ou não traz as informações de que precisamos.

O que nos aterroriza é a crença de que as falhas da memória se acentuam com o passar dos anos e se perde gradualmente o acesso às lembranças.

Faço uma breve pausa na minha argumentação para adiantar que a degradação da memória tem relação com a degradação das células do cérebro. E a degradação cerebral pode ser controlada com o

Memória de peixe ou de elefante?

envelhecimento. A ciência demonstra que essa e outras importantes funções do cérebro podem ser preservadas.

De fato, a memória é falível, mas, se você entender melhor como ela funciona, perceberá que muitas vezes ela é tratada como vilã da história mesmo sendo inocente. Não podemos confundir falta de memória com falta de conhecimento sobre como usar a memória com inteligência.

Faço questão de dizer que o mais justo é compará-la a uma criança curiosa, atenta e sempre em busca de novas experiências. No entanto, no primeiro tranco, no primeiro susto, pela inexperiência ou despreparo, ela se esconde embaixo da cama e nos deixa sozinhos com grandes brancos e constrangimentos.

Os três tipos de memória

Para compreender por que às vezes a memória nos deixa na mão é preciso ler o "manual de instruções". Pois convém saber como ela funciona. A memória pode ser dividida em memória operacional ou de trabalho, intermediária e de longo prazo.

A **memória operacional** ou **de trabalho** serve para guardar nomes, endereços, números de telefones e outras informações de aplicação rápida. Decorre de uma reação química e tem curta duração. Isso explica por que você ouve o número de telefone, não tem como anotar, vai repetindo o número mentalmente ou em voz alta até fazer a ligação e esquece. Isso não é um problema de memória, e sim um funcionamento normal desse mecanismo. Ela também é convocada quando você precisa cumprir uma tarefa, por exemplo, buscar algo na cozinha, mas no caminho pode se distrair e esquecer. O tempo de duração da memória de trabalho pode ser ampliado e com isso evitar que esses inconvenientes aconteçam. Veremos como fazer isso mais à frente.

A **memória intermediária** tem duração maior. Entra em cena, por exemplo, quando você assiste a um filme de drama, comédia ou terror, ou a uma palestra motivacional e o conteúdo fica latente na sua memória por dias ou semanas. Ela é formada a partir de uma rede de estímulos neurais mais intensa porque você deu valor para aquela informação. Houve um estímulo emocional mais forte – algo muito bom ou muito ruim. Contudo, se não for reforçada, ela acaba se perdendo, enquanto a memória se ocupa de novas tarefas.

A **memória de longo prazo** pode ser formada diretamente em decorrência de uma estimulação muito forte. Como a primeira vez. O primeiro beijo, a primeira transa ou a primeira viagem de avião. Essas vivências ficam impressas em nossas memórias. Ela também pode ser formada pela repetição. Assim aprendemos letras de música, o Hino Nacional, a amarrar o cordão do sapato ou a dirigir automóvel. É nisso que consiste o processo de memorização.

Você deve ter percebido que duas palavras têm muito peso quando o assunto é memória: estímulo e reforço.

Comparando o cérebro saudável a um jardim, a memória é um solo fértil e você é o jardineiro que tem como principal função semear. Quando realiza um bom trabalho, escolhe sementes de qualidade, capricha na semeadura e rega com disciplina, são grandes as chances de criar um belo jardim. Ao contrário, quando você se omite, não planta boas sementes, não rega adequadamente, as flores não crescem.

Assim, se você ou alguém próximo não se lembra de algo, em geral a culpa não é da memória (o solo), mas do jardineiro. É preciso pensar nas estratégias de memorização que foram ou não utilizadas para apurar o que faltou; entender por que nós, os jardineiros, às vezes não nos envolvemos no processo de memorização. Talvez por estresse ou cansaço. O que importa é que não podemos culpar a memória sem antes verificar se fizemos nossa parte.

Resumindo, a qualidade da memorização depende da qualidade da ação do jardineiro.

Guarde isto: memorizar é um processo ativo. Se você quer se lembrar do recado, do nome da pessoa que está conhecendo, da tarefa que precisa realizar, então a iniciativa e o mínimo de atenção são o que garantirá ter a informação disponível no futuro.

Você deve ter percebido que a memória trabalha de forma seletiva. O que não acha relevante, você simplesmente esquece. Ela anda de mãos dadas com a motivação. Reflete o valor que damos às coisas. Para o que temos interesse, está sempre disponível. Por isso, é um equívoco comparar a memória de uma pessoa à de outra. As prioridades individuais são diferentes, bem como a motivação para as ações.

A boa memória cumpre duas tarefas principais: armazenar e recuperar.

___ As particularidades da boa memória

Quatro aspectos caracterizam a boa memória: atenção, capacidade de retenção, facilidade de recordação e velocidade.

1. **Atenção**. Fica mais fácil entender que memorizar é um processo ativo (e não passivo) recorrendo a um exemplo. Vamos supor que dois homens, A e B, aguardam atendimento em uma sala durante 20 minutos. A é orientado a prestar atenção na sala e memorizar os detalhes. B não recebe qualquer tipo de instrução. Fica entretido com seus pensamentos. Na hora da entrevista, quando pedem para descrever a sala, B vai generalizar: sofá, tapete... Isso abre a possibilidade de ser induzido pelo entrevistado a achar que o piso era emborrachado ou havia carpete bege.

Como não prestou atenção, não tem certeza. É provável que A diga exatamente quantos quadros tem na parede, a cor da persiana, a estampa no tecido do sofá. Se B tivesse recebido a mesma orientação de A, ambos estariam em pé de igualdade na entrevista. Desse modo, a orientação determina a qualidade da percepção e a memorização. Outra conclusão é que a atenção é uma escolha. Decidimos memorizar ou não. A se concentrou para memorizar, escolheu seu foco, no caso a decoração da sala. Poderia ser também o assunto tratado na reunião, a aula dada pelo professor ou o trajeto no trânsito para retornar depois sem se perder.

2. **Capacidade de retenção**. De modo geral, ela se equipara nas pessoas – a menos que alguma doença comprometa esse aspecto. E em humanos que viveram épocas diferentes. Não há indício de que os povos da Antiguidade possuíam mais ou menos células nervosas que nós, hoje. O que muda é a prática. Como não tinham meios de anotar, muito menos acesso à parafernália tecnológica que nos rodeia, tiveram de desenvolver métodos para reter as informações, o que requer revisão e reforço e origina a formação de memórias de longo prazo. Resultado: esses povos antigos desfrutavam de memória 500 vezes melhor em relação à nossa.

3. **Facilidade de recordação**. A recordação é um processo importante que usamos para encontrar respostas para os problemas cotidianos. Deriva de memória bem abastecida, bem utilizada e de fácil acesso. Quando aprendemos algo novo, adicionamos ao conteúdo já armazenado de modo que esses "arquivos" fiquem atualizados e prontos para uso. Com isso, temos respostas mais rápidas nas conversas e somos mais eficientes nas provas, só para citar dois exemplos.

4. Velocidade. Se participasse de um campeonato de memória, você talvez estivesse em pé de igualdade com os demais competidores no quesito capacidade de memorização. Todos poderiam memorizar cem palavras. O que varia é o prazo: alguns fariam isso em horas, outros em uma semana, outros em um mês. O júri vai premiar o mais rápido. A boa memória é a memória rápida. Talvez esse seja um dos principais diferenciais entre o cérebro do jovem e o do idoso. O que se observa com o envelhecimento é que a memória tende a ficar mais lenta. Uma das explicações para isso é que o idoso processa as informações mais devagar, isto é, a conversa entre os neurônios se altera com o avanço da idade, segundo o neurologista Paulo Bertolucci, professor da Universidade Federal de São Paulo. Por isso, no meio de um papo com os amigos, ele talvez não lembre o nome do ator, mas, ao mudar de assunto, recorda-se de que era Cary Grant. Curiosamente, há pessoas se queixando de memória ruim aos 50 anos. Sinal de que há outros fatores em jogo. A memória pode ficar lenta mais cedo por falta de estímulos. O inverso é verdadeiro: a boa estimulação pode mantê-la rápida (e viva!) por mais tempo.

Por que reclamamos da memória?

Se você reparar no comportamento das pessoas, perceberá que o número de vezes que algumas reclamam da memória é muito grande. Entenda "reclamam" como o simples fato de dizer:

— Droga: esqueci disso...

— Não me lembro daquilo...

Embora essas frases cada vez mais façam parte do vocabulário coletivo, é importante entendermos que nem todo esquecimento é culpa exclusiva da memória. Muitas vezes, não facilitamos seu trabalho. Pior: muitas vezes até complicamos o exercício de lembrar.

O que faz a memória ser taxada de ruim é quando falha sobretudo em três ocasiões, expressas sob a forma de perguntas. Embora pareçam ter o mesmo sentido, elas abordam situações distintas. Veja se consegue perceber a diferença?

- Por que esquecemos informações que aprendemos e usávamos com frequência no passado? Por exemplo, o nome de um ex-colega do trabalho, números de telefone, tarefas ou endereços.
- Por que não lembramos no momento certo de algo que sabemos? Por exemplo, a resposta de uma prova ou a consulta médica às 9 horas.
- Por que não memorizamos coisas novas que precisamos aprender? Por exemplo, um novo idioma.

Em uma análise preliminar, posso cogitar, no mínimo, duas respostas para a primeira pergunta. Talvez tenha faltado reforço. O filme de animação *Divertida Mente* (2015) apresenta a memória de forma interessante: ela é simbolizada por meio de esferas coloridas projetadas na vida. Depois de certo tempo, elas são avaliadas. Se não tiverem mais utilidade, ou seja, não precisarem de reforço, são jogadas em um poço e a memória se apaga.

Às vezes, a sequência de reforço de uma mesma informação é interrompida quando encerramos um ciclo. Por exemplo, ao trocar de emprego, você deixa de reforçar muitas informações relacionadas ao emprego anterior. Isso inclui nomes de colegas e clientes, códigos de produtos, sistemas, tarefas ou processos. Quando nos esforçamos um pouco na recordação e buscamos pistas dentro de nossa memória, geralmente a situação se reverte e a lembrança aparece.

A outra possibilidade é questionar se a pessoa realmente sabe. Vamos pensar no conteúdo das matérias escolares. Será que o aluno realmente aprendeu sobre Antiguidade Grega na aula de História? Ou estudou apenas para tirar nota e passar de ano? Se ele não aprendeu, não terá o que lembrar.

Já a segunda questão diz respeito ao momento da lembrança. A pessoa se lembrou de tudo o que sabia, mas não na hora certa. Isso também acontece muito com os estudantes. Eles sabem a matéria, mas na hora H não conseguem se lembrar.

Em outro exemplo, a pessoa acordou pensando no horário da consulta médica, 9 horas. Entretanto, às 8 horas recebeu um telefonema, ocupou-se com outras tarefas e só foi se lembrar de novo na hora do almoço. Se fosse mesmo problema de memória, era de se esperar que não se lembrasse hora alguma. Nesse caso, talvez necessite aplicar um mecanismo auxiliar para ajudá-lo a se lembrar no momento certo. Este livro ensinará ferramentas úteis.

Quanto à terceira questão, sobre memorização. Vamos imaginar que um funcionário comunica ao chefe um problema com um cliente e pede para retornar a ligação. O chefe responde: "Deixa comigo". No entanto, tem de resolver outro problema mais urgente e, no calor do estresse e da tomada da decisão, apesar do "deixa comigo", acaba esquecendo. O funcionário garante que deu o recado, mas talvez ele não tenha sequer entrado na memória do chefe porque não lhe deu tanta importância. Mais uma vez, é provável que tenham faltado motivação e reforço.

Depois desse breve aperitivo, vamos analisar em detalhes as várias causas para os problemas de memória, começando pelas fisiológicas, passando pelas circunstanciais e terminando com as psicológicas.

____ Causas fisiológicas: corpo saudável, mente saudável

Antes de tratar das doenças que degeneram especificamente as células nervosas examinaremos outras explicações apontadas pela ciência para a ocorrência de lapsos da memória.

Aprendi muito cedo que é possível neutralizar a causa de um problema estudando o efeito que ele produziu. O efeito que buscamos neutralizar aqui são os lapsos de memória e para isso investigaremos as causas fisiológicas e assim ter a oportunidade de tentar neutralizar o problema em sua origem.

Sono insuficiente

As pessoas necessitam, em média, de oito horas de sono por noite. Contudo, com o excesso de trabalho, compromissos e exposição a telas de TV, celular e *tablets*, dormimos cada vez menos, o que afeta a produção de hormônios, a regeneração dos tecidos e a saúde dos neurônios.

A segunda fase do sono, batizada de REM por se caracterizar pelo movimento rápido dos olhos, é fundamental para a fixação da memória e o aprendizado. Uma boa noite de sono melhora em 40% a habilidade de resolver problemas porque estimula a criatividade.

A qualidade do sono também tem deixado a desejar, às vezes por causa de doenças como a apneia (pequenas interrupções da respiração durante o sono) ou por outros fatores como colchão de má qualidade, trânsito intenso na rua, marido que ronca a noite inteira ou filho que dorme no meio dos pais e se mexe muito.

Pesquisas mostram que a má qualidade do sono está ligada às disfunções cognitivas e à doença de Alzheimer. Desordens da respiração, como a apneia do sono em idosos, aumentam o risco de problemas da memória e demência.

Enquanto dormimos, o cérebro faz uma "faxina" das toxinas resultantes de um dia de muito trabalho mental, concluiu um trabalho publicado em 2013 na revista *Science*. Liderada pela pesquisadora Maiken Nedergaard, do Centro Médico da Universidade de Rochester (Estados Unidos), a pesquisa verificou que durante o sono as células do cérebro, provavelmente as células da glia, encolhem, abrindo espaço entre os neurônios para que um fluido seja bombeado e "lave" o cérebro.

Essa "faxina" foi detectada a partir de uma descoberta divulgada no ano anterior – a de que existe uma rede de dutos que retira a "sujeira" do cérebro, nomeada pelos cientistas como "sistema *glymphatic*" (não há tradução do termo em português). Essa rede estaria diretamente conectada aos vasos linfáticos. Os pesquisadores observaram o sistema *glymphatic* de ratos e viram que era dez vezes mais ativo durante o sono. Doenças cerebrais como Parkinson e Alzheimer podem estar relacionadas a falhas nessa limpeza, o que precisa ser confirmado por novos trabalhos.

Má alimentação

A dieta inadequada e a restrição alimentar prejudicam a memória por não fornecerem os nutrientes necessários à atividade das células nervosas. É o caso da falta de ácidos graxos Ômega 3, notadamente o DHA (docosa-hexaenoico), encontrado nos peixes gordurosos de águas frias e profundas (salmão, atum e sardinha) e nas algas. Depois de acompanhar 15 mil idosos na China, na Índia, em Cuba, na República Dominicana, na Venezuela, no México e no Peru, um trabalho publicado no *American Journal of Nutrition* concluiu que a dieta rica em peixe reduz o perigo de demência na velhice.

As vitaminas do complexo B (presentes em carne, feijão, arroz, germe de trigo e castanhas) também são fundamentais para o sistema nervoso, notadamente a B_{12} e o ácido fólico. Essa turma trabalha em conjunto para produzir neurotransmissores, proteger os tecidos contra o ataque dos radicais livres e melhorar a memória.

Também há evidências de que a colina, fornecida pela gema do ovo, é uma aliada e tanto da memória e ainda facilita o aprendizado.

Em vez de recomendar suplementos desses nutrientes em particular, o melhor é investir em uma alimentação saudável que forneça todos de forma equilibrada.

Medicações

Alguns remédios podem comprometer as habilidades intelectuais e afetar a memória. A Sociedade Americana de Geriatria elaborou uma lista dos fármacos que devem ser tomados com muito critério: fortes drogas anticolinérgicas (incluindo anti-histamínicos como Benadryl e alguns antidepressivos) e benzodiazepínicos (como Valium e Xanax, usados para tratar ansiedade e insônia), pelo risco de ocasionarem delírio e alterações cognitivas.

Os autores destacam que seu uso não é totalmente contraindicado. Contudo, é preciso ajustar bem a dose e ficar atento aos efeitos colaterais, sobretudo em idosos. Ainda mais ao se levar em conta que, apenas na faixa etária entre 65 e 69 anos, tomam-se, em média, 14 drogas prescritas por ano, que podem levar a sérias complicações.

Excessos de álcool e drogas

Álcool em altas doses pode causar amnésia: a pessoa não lembra o que fez sob efeito da bebida. Perde-se o acesso à memória e à capacidade de avaliar situações e decidir conforme seus valores. O uso constante e abusivo pode causar danos permanentes ao cérebro.

Assim como o álcool, os narcóticos (heroína e morfina) deprimem o sistema nervoso central, diminuindo a atividade cerebral.

Memória de peixe ou de elefante?

A cocaína, o *crack* e as anfetaminas presentes nas fórmulas para emagrecer aumentam a vivacidade, deixam a pessoa ligada, reduzem o sono e têm um impacto negativo na memória e na tomada de decisão.

Por sua vez, a maconha, os cogumelos e o LSD tiram a mente do seu estado normal, alterando a percepção de cores, formas, ritmos e sons. Há evidências de que o tetra-hidrocanabinol (THC), principal composto da maconha, danifica a memória de curto prazo e a atenção.

Cigarro

O hábito de fumar penaliza não apenas o pulmão e o coração, mas também o cérebro. Pesquisadores da Universidade King's College London, do Reino Unido, testaram 8,8 mil pessoas acima de 50 anos. A tarefa era memorizar novas palavras e nomes ou citar a maior quantidade possível de animais em um minuto. A conclusão é que os fumantes sofrem mais na hora de aprender coisas novas, memorizar e raciocinar.

A ONG britânica *Age UK*, dedicada à pesquisa sobre envelhecimento, fez uma revisão de estudos e divulgou cinco passos para ajudar os idosos a manterem a saúde do cérebro. O documento, divulgado em dezembro de 2014, convida a parar de fumar, alertando para o número significativo de casos de demência entre fumantes em comparação com quem nunca fumou.

Sedentarismo

A inatividade física é considerada um dos piores inimigos do envelhecimento saudável como um todo e da saúde do cérebro em particular, em especial devido a sua associação com aumento na incidência de obesidade, diabetes, hipertensão arterial e outras doenças.

A maior proporção de casos de Alzheimer nos Estados Unidos, na Grã--Bretanha e no resto da Europa tem sido atribuída ao sedentarismo.

Indivíduos que referiram mais baixos níveis de atividade física no lazer por volta dos 60 anos tiveram maior declínio cognitivo ao repetirem o teste cinco anos depois no futuro quando comparados àqueles que se exercitaram em nível moderado ou intenso: essa diferença pode ser equiparada a dez anos de envelhecimento. Esta foi a conclusão da análise de uma grande base de dados populacionais dos Estados Unidos feita na Universidade de Miami e publicada na edição on-line de 23 de março de 2016 da revista científica *Neurology*.

Poluição do ar

Há evidências de que o ar poluído, seja nas grandes cidades, nas regiões com muitas queimadas ou no interior de oficinas e fábricas, aumenta a incidência de doenças vasculares no coração e no cérebro, além de problemas de pulmão.

Suspeita-se, ainda, que as pequenas partículas em suspensão no ar poluído prejudiquem o cérebro diretamente. O longo tempo de exposição ao ar poluído pode ocasionar danos às células nervosas e redução de sua atividade.

Doenças metabólicas

Colesterol alto, diabetes e hipertensão arterial também estão sendo associados à pior saúde cerebral na velhice. Um estudo publicado na edição de agosto de 2015 do periódico *Aging* defende a hipótese de que Alzheimer não é apenas uma doença neurodegenerativa, mas também fruto de desequilíbrios metabólicos. O autor chegou a definir três perfis de risco para a doença conforme os resultados nos testes metabólicos. Sua hipótese está longe de um consenso, mas os especialistas concordam que o que faz bem para o coração beneficia o cérebro.

Um estudo mais recente reforça essa visão. Usando uma grande base de dados da população norte-americana, pesquisadores da Universidade Colúmbia verificaram que os indivíduos com melhores indicadores de saúde cardiovascular (não fumantes, peso ideal, atividade física, dieta saudável e níveis normais de pressão arterial, colesterol e glicose) estavam menos sujeitos a danos cognitivos mais tarde na vida, especialmente no que se refere à velocidade de processamento e à memória episódica. A análise foi publicada em 16 de março de 2016 na versão on-line do *Journal of the American Heart Association*. Esses achados demonstram que um controle dos fatores de risco cardiovasculares pode se traduzir em melhor cognição.

Perda de visão e audição

Problemas de audição e visão acarretam danos à performance cognitiva (pensamento, memória) e à socialização. Quem não ouve ou não enxerga direito não colhe informação de qualidade para memorizar. As duas deficiências podem prejudicar o registro das informações. Cientistas da Universidade Johns Hopkins (Estados Unidos) concluíram que adultos com problemas de audição têm maior grau de encolhimento do cérebro com o envelhecimento. Mais uma boa razão para corrigir esses problemas.

Outras doenças

As pessoas com transtorno do déficit de atenção e hiperatividade (TDAH) podem ter muita dificuldade para se concentrar e memorizar, o que as deixa mais susceptíveis a distúrbios cognitivos no futuro.

A esclerose múltipla é uma doença crônica mais frequente nas mulheres (a proporção é de três para cada homem), sobretudo entre os 20 e 40 anos. Ataca a bainha de mielina, capa de gordura que envolve as ramificações dos neurônios para protegê-las e facilitar a propagação de impulsos. Quando ocorrem os surtos, essa capa se inflama e a comunicação entre as células nervosas fica prejudicada. Isso pode acontecer em qualquer lugar do cérebro ou da medula espinhal, ocasionando formigamento, tremores e dificuldade motora. A memória também pode ser afetada.

A depressão na meia-idade dobra o risco de problemas de memória, declínio cognitivo e demência. A provável explicação é que ela causa mudanças no hipocampo, além de isolamento social, que também não favorece a formação de novas memórias.

Depressão na velhice também aumenta o risco de demência, especialmente do tipo vascular, embora não esteja claro se a depressão é um sintoma precoce de problemas na saúde do cérebro ainda não diagnosticados.

Prevenir e tratar a depressão são importantes objetivos para melhorar a qualidade de vida dos idosos. Também é necessário controlar as outras doenças citadas.

____ Causas psicológicas: quando você está bem, sua memória fica bem

Quando você está bem, sua memória fica bem. O contrário é verdadeiro. Deixe-me destacar as principais explicações psicológicas para os problemas de memória. Note nos tópicos apresentados que nem tudo se resume a falhas na memória, mas, em muitos casos, a escolhas erradas que geram conflitos psicológicos.

É importante que você perceba que, muitas vezes, apenas mudar seu posicionamento diante de algumas situações transformará o efeito causado sobre sua memória.

Estresse

A pressão que sofremos para solucionarmos um problema no trabalho ou na família, pode repercutir mal sobre o cérebro. Ela nos faz perder o contato com a memória, como se fosse a conexão com a internet que caiu, além de gerar agressividade e mau humor. Preso no problema, não se enxerga saída. Perde-se a oportunidade de aprender. Pode-se estar até em um cenário paradisíaco, uma praia maravilhosa. Se receber telefonema do trabalho relatando um problema grave, sua mente pode criar uma prisão.

Ainda que o estudante saiba a resposta durante a prova de um concurso, o estresse do relógio, da concorrência e do tempo passando causa lapsos na memória.

Assim como o estresse diário pode gerar problemas, o de longo tempo está relacionado a taxas mais rápidas de declínio da saúde do cérebro.

O estresse também é conhecido por acelerar o envelhecimento. Segundo constatações de pesquisadores da Universidade Rush, de Chicago (Estados Unidos), pessoas com alta instabilidade emocional – que aumenta a propensão ao estresse – sofrem maior declínio cognitivo na velhice. Ao mesmo tempo, quem se abate menos e consegue manter a lucidez e o otimismo em situações adversas têm mais chances de envelhecer com saúde.

Ansiedade

A antecipação de querer que alguma coisa aconteça pode fazê-lo perder a oportunidade de memorizar, aprender, ou o acesso à informação, que fica guardada em algum lugar. Ansiedade é quando faltam cinco minutos sempre para o que quer que seja, define a escritora Adriana Falcão no livro *Mania de explicação* (Editora Salamandra).

Quanto mais ansioso ficar, maior pode ser a duração do lapso. A tendência é taxar a memória de fraca. A culpa, porém, não compete exclusivamente a ela, já que depois, ao ficar tranquilo, a informação aparece.

Desinteresse

O sistema preferencial de cada pessoa, mesmo as que dividem o mesmo teto (marido, esposa, filho), ou que passam horas do dia trabalhando no mesmo escritório (patrão, empregado), muitas vezes não coincide.

O marido talvez não tenha interesse em saber data de aniversário, como a esposa. Ela, por sua vez, talvez não dê importância para marcas de carro. Ou vice-versa.

O pai nem sempre valoriza o que o filho fala e o patrão às vezes nem presta atenção ao que diz o empregado. Quando não se dá valor ao que a outra pessoa diz ou faz, não se forma o registro de memória e, consequentemente, não é possível lembrar.

Falta de propósito na vida

No passado, desde pequenas as pessoas sabiam o que provavelmente seriam na vida adulta: o filho do carpinteiro aprenderia o ofício do pai; o mesmo aconteceria com o camponês, o contador, o comerciante...

Agora, com uma gama enorme de possibilidades de escolha profissional, muitos ficam perdidos, entram e saem de várias faculdades, sem saber que direção seguir.

Depois de formados, por volta dos 30 anos, enfrentam uma crise existencial. Questionam se vale a pena focar tanto na vida profissional ou se é melhor buscar a qualidade de vida.

Executivos chegam aos 40 ou 50 anos avaliando se valeu a pena todo o esforço dedicado à carreira e pensando em balancear mais outros papéis e interesses.

E não raramente a inquietação se estende à velhice. Muitas vezes percebo que o papel do idoso não está muito claro na nossa sociedade.

A busca de um propósito, algo que dê sentido à vida, está na ordem do dia.

No caso específico dos mais velhos, é importante destacar que a idade traz consigo o benefício da maturidade, a experiência de vida que pode fazer a diferença quando transmitida aos mais jovens. É preciso definir a função social do idoso ao transmitir valores. É preciso resgatar a capacidade de contar histórias inspiradoras.

Transmitir conhecimento é uma forma de impedir que se perca o sentido da vida, pois sua falta faz crescer o risco de falhas na memória.

Um estudo que se tornou clássico, de autoria de David Snowdon, mostra como a postura otimista perante a vida ajuda a prevenir Alzheimer. Ele começou em 1986, quando pesquisadores da Universidade do Kentucky (Estados Unidos) passaram a acompanhar o envelhecimento de 678 freiras, investigando o passado médico e pessoal, fazendo testes cognitivos e dissecando o cérebro daquelas que morreram para descobrir os fatores de risco da doença.

A autobiografia de 200 delas, escritas quando entraram no convento, por volta dos 20 anos, apontou uma ligação entre a personalidade e o risco de apresentar a doença. O risco era maior nas freiras que expressavam mais emoções como tristeza, medo e vergonha em comparação com aquelas que demonstravam mais alegria, esperança e gratidão por meio de seus textos.

Crenças limitantes

Acreditar que "a memória acaba depois dos 40 anos". "Após certa idade não se pode mais estudar." "Está velho demais parar aprender" ou "Estudar para quê? Vai morrer mesmo". Todas essas frases constituem impedimento no processo de aprendizagem.

Aprender, como sabemos, mantém o cérebro ativo e, quanto mais ativo ele for, melhor será o processo de memorização e recordação.

Outra crença limitante é entender o envelhecer como uma sucessão de perdas, o caminho inevitável para a decadência. Essa visão pessimista tem um péssimo impacto sobre a memória.

Visão pessimista do envelhecer

Conheço pessoas que ao acordar agradecem a Deus por mais um dia de vida. Conheço outras que lamentam por um dia a menos. Devemos reconhecer que o envelhecimento é um fato. É uma etapa inevitável. Achar que envelhecer é uma sucessão de perdas e uma sequência de limitações só piora as coisas, não é verdade?

O déficit de memória pode acontecer em certo percentual e o pessimismo tende a piorar essa situação. Não conseguir ver e aproveitar os ganhos do amadurecimento e as lições aprendidas ao longo da vida pode tirar o estímulo para gravar novas lembranças.

Falta de confiança na memória

Em geral, isso está associado à percepção de esquecimentos sucessivos que são muito valorizados. A pessoa se convence de que está com um problema – e grave! – e deixa de confiar na memória. Ou seja, ela cria um reforço.

O reforço é tudo aquilo que torna mais forte algo existente. No caso da memória, existe o reforço positivo, quando a pessoa elogia a própria memória, e negativo, quando amplifica a importância de um esquecimento.

Memória de peixe ou de elefante?

A repetição de certas frases pode ter efeito devastador:

— Minha memória é ruim.

— Tenho memória fraca.

— Sou muito esquecido.

— Não consigo aprender.

A maioria das pessoas, mesmo que tenha passado dos 40 ou 50 anos, tem plenas condições de abraçar novos projetos e evoluir junto com a própria memória. Até portadores de dislexia, que apresentam certa dificuldade para aprender, conseguem se sair bem em diversas atividades, mas para isso é preciso abandonar conclusões definitivas do tipo "Sou burro em Matemática", por exemplo.

É preciso analisar bem a situação para levantar o responsável pelo excesso de esquecimento. Será culpa mesmo da memória? O lapso poderia ter sido evitado? Decorre de falta de atenção? Ou há mesmo indícios de distúrbios que afetam o cérebro?

Às vezes, a pessoa procura meu auxílio se matriculando em um dos meus cursos de memorização. No entanto, antes mesmo de iniciar, ela nos manda uma mensagem com este discurso negativo: "Me inscrevi no seu curso, mas já vou avisando: sou desorganizado". Ou "A minha memória é péssima". Essas afirmações fecham a possibilidade de mudança: ou mantêm a pessoa onde está ou a mandam de volta ao passado.

Visitar o passado impede de pensar no futuro

Um discurso fácil de ouvir quando passamos dos 50 anos:

— Antigamente tinha uma memória tão boa...

É verdade que depois dos 50 anos a memória de curto prazo tende a ser afetada, mas o envelhecimento natural não chega ao ponto de a pessoa lembrar-se da infância, mas não conseguir gravar, por exemplo, a data da formatura do neto. Aliás, esquecer uma data importante não precisa ser necessariamente um problema de memória, mas apenas a falta de uma estratégia para lembrar-se de datas importantes.

Pessoas com idade avançada têm maior tendência a visitar o passado. Contar as mesmas histórias, repetir as mesmas lições, sem se dar conta de que já contaram isso diversas vezes para a mesma pessoa. É preciso que um ouvinte lhes avise disso, sutilmente, pois assim impede que a pessoa visite o passado e reforce essa discrepância, mantendo-se eternamente presa àqueles bons tempos que ficaram para trás sem reconhecer que existe um futuro.

Causas circunstanciais: o esquecimento que poderia ter sido evitado

Gosto de explicar aos participantes de minhas palestras que, antes de reclamar da memória ou lamentar o prejuízo causado por algum esquecimento, é necessário fazer um recorte da cena e daí se perguntar: "O que eu poderia ter feito para evitar?".

Às vezes, achamos que temos um lapso de memória, quando na verdade o prejuízo foi decorrente de uma situação que foge do nosso controle. Por exemplo, ao se levantar do banco do carro a carteira cai do seu bolso sem que perceba. Sem uma boa análise, pode ser tentado a dizer que esqueceu a carteira em casa e criar um reforço negativo da memória. Portanto, é preciso cuidado para não confundir falta de memória com desorganização, ausência de método ou causas circunstanciais.

É preciso investigar o contexto antes de concluir que existe um problema de memória. Afinal, se você analisar, verá que muitos dos esquecimentos poderiam ter sido evitados.

Relaciono a seguir as principais causas circunstanciais para os problemas de memória.

Distração

Vivemos tão rodeados de estímulos que é difícil se desvencilhar da distração da internet. Você ia fazer algo, chega uma mensagem de WhatsApp, um e-mail, um recado no Skype, um *post* nas redes sociais, se distrai e esquece de fazer o que era importante, de resolver a tarefa mais urgente.

A natureza da distração é o imprevisto, que é causa frequente dos esquecimentos.

Alguém o chamou para ajudar com uma tarefa, tocou seu telefone e aquilo o distraiu do que você deveria fazer (imprevisto que poderia gerar um esquecimento).

Quanto maior a quantidade de imprevistos em seu dia, maior será a tendência aos esquecimentos.

A questão que deve ser avaliada é como prever e bloquear as interrupções permitindo que você mantenha o foco nas tarefas e com isso permita a memorização.

Diferenças no modo de perceber o mundo

Nos almoços em família ou quando velhos amigos se encontram sempre acontece o "momento *flashback*". Um momento em que as pessoas começam a narrar fatos que ocorreram no passado. Nas narrativas sempre existe alguém que se lembra de um detalhe que o outro não conseguiu.

Por exemplo, minha irmã, que na infância e adolescência viveu as mesmas cenas que eu, lembra-se de coisas que eu não lembro (e vice-versa). Nenhum de nós tem a memória fraca ou ruim. Ocorre que nossos sistemas preferenciais são diferentes.

Sistema preferencial é uma forma específica de perceber o mundo. Alguns têm a tendência a perceber o mundo através de imagens (visual), sons (auditivo) ou sensações (sinestésico). Eu tenho um sistema voltado para o visual, minha irmã é mais sinestésica. Posso recordar detalhadamente um cenário que vivenciamos na infância; ela conseguirá descrever as relações que aconteceram naquele local. O mesmo dia, o mesmo local, a mesma experiência, mas com formações de memórias diferentes. Daí a necessidade de conhecer o sistema preferencial de cada um.

Pense em qual sistema você utiliza comumente para focar a sua atenção. Você presta mais atenção nas imagens, nos sons ou nas sensações? O sistema que você tem mais aprimorado é o seu sistema preferencial e, portanto, sua melhor memória. Os outros deverão ser desenvolvidos para que não acredite estar faltando memória. Aliás, quais canais de percepção você poderia aprimorar?

Desorganização

Quando esquece onde colocou um objeto de que você reclama: de falta de memória ou falta de organização? Pessoas desorganizadas perdem tempo, dinheiro e confiança porque são percebidas como esquecidas.

Entretanto, pergunto: qual a relação da desorganização com a memória? Praticamente, nenhuma! Se você não consegue lembrar onde guardou um objeto por pura desorganização, então não pode colocar a culpa na memória, mas em não ter uma ordem mínima para seguir.

A mesa de trabalho hiperbagunçada.

As chaves jogadas em qualquer lugar.

Carteiras de vacinação junto com as receitas de bolo na gaveta da cozinha...

Quando a desorganização se estabelece, são grandes as chances de perder algo importante e não lembrar depois onde guardou as coisas, sejam elas importantes ou não.

Má vontade

Churrasco combinado, convite da festa adquirido, você está com as malas prontas para curtir o feriado prolongado. Seu chefe liga e informa que terá que cobrir a falta de outro funcionário. Como você reage?

Tem pessoas resignadas, que suportam uma situação como esta sem se revoltar. No entanto, tem também as inconformadas que, sem poder recusar, aceitam a convocação do chefe, porém fazem todo o trabalho com a mais má vontade do mundo. De que lado você está?

Uma das causas dos esquecimentos está relacionada à má vontade. De novo a memória não é culpada pelo lapso, mas a falta de atenção na tarefa que a pessoa precisa fazer. Tente se lembrar de algo que você se esqueceu de fazer porque estava contrariado. Deixar de fazer, de conferir, esquecer-se de realizar uma etapa importante.

O jovem que vai à aula contra a vontade e não aprende nada. O professor pode ser excelente, mas, se o aluno estiver contrariado, a memória pode ficar bloqueada.

Quer ver? Se o gerente do banco liga para você e diz para passar no banco na sexta-feira às 14 horas porque ele deseja lhe mostrar novos produtos, como um plano de previdência, você concorda, mas são grandes as chances de esquecer. Se ele disser que você foi contemplado em um sorteio do banco e precisa ir na sexta-feira às 14 horas retirar o prêmio de 5 mil reais, a possibilidade de esquecer esse convite é quase nula.

Pressa

Sabe aquela história da mulher que sai apressada para levar o filho na escola, atravessa a cidade, mas esquece o material escolar do garoto em casa? Pois é, cenas como estas acontecem todos os dias no mundo inteiro.

Os esquecimentos causados pela pressa são os que dão mais prejuízo. Outro dia ouvi a história de um empresário que parou o carro no estacionamento, saiu às pressas para uma reunião e esqueceu o carro ligado. Derreteu o motor!

Você não precisa tomar um remédio para a memória se o seu mal é a pressa; se a sua vida o faz realizar tarefas sem pensar. Aliás, muitas vezes a pressa está intimamente ligada à falta de organização. Um bom planejamento, *checklist* e revisões ajudam a evitar um grande prejuízo.

Mapa do esquecimento

Como vimos até aqui, muitas vezes experimentamos momentos difíceis causados por uma aparente ausência de memória, entretanto vimos também que nem sempre a memória pode ser rotulada como "a vilã".

Antes de reclamar da memória, precisamos fazer um esforço de estudar quadro a quadro o evento que ocorreu e checar, baseando-se na lista a seguir, se realmente sofremos um lapso. As perguntas que elaborei ajudarão nesta avaliação. Assim, ocorrido o esquecimento, tente descobrir a causa, perguntando:

- Dormi o suficiente?
- Estava bem alimentado?
- Estava sob efeito de medicações?
- Estava sob efeito de álcool ou drogas?
- Tenho fumado em excesso?
- Estou sedentário?
- Estava sofrendo alguma doença metabólica?
- Tenho perda de visão e audição?
- Estava estressado?

- Estava ansioso?
- Estava desinteressado?
- Sinto falta de propósito na vida?
- Tenho crenças limitantes a respeito da memória?
- Tenho uma visão pessimista do envelhecer?
- Sinto falta de confiança na memória?
- Estava com a cabeça no passado?
- Estava distraído?
- Sou desorganizado?
- Estava realizando algo com má vontade?
- Estava com pressa?

Estas perguntas nos oferecem um bom mapa para diagnosticar a origem de um esquecimento. Servem para auxiliar tanto você quanto para uma pessoa próxima que se queixa de problemas de memória.

Será que fomos negligentes? O esquecimento poderia ter sido evitado? Como?

As perguntas também nos ajudam a refletir se não existe algo mais sério acontecendo. Refiro-me às doenças neurodegenerativas, como o Alzheimer.

Por isso, antes de finalizar este capítulo, destaco um tópico especial que fala dessa doença, que é uma causa fisiológica importante para a perda de memória.

A doença de Alzheimer é uma das piores vilãs da longevidade: afeta 1 em cada 8 pessoas acima de 65 anos e metade dos que passaram dos 85 anos. De acordo com a Associação Brasileira de Alzheimer (ABRAz), cerca de 1 milhão de brasileiros receberam este diagnóstico. Em 2012, segundo a Organização Mundial da Saúde (OMS), em 2012 o Brasil era o nono país do mundo com o maior número de casos dessa enfermidade que ameaça a independência, a autonomia e a qualidade de vida na velhice.

____ Como identificar a doença de Alzheimer

Pense em uma represa que se rompe e destrói e inunda tudo o que encontra pelo caminho. Ou na lama tóxica que vazou após o rompimento da barragem de mineração em Mariana (MG), em novembro de 2015, destruindo casas, poluindo rios e causando a morte de peixes, o que tem sido considerado o maior desastre ambiental ocorrido no Brasil. As duas imagens ilustram, metaforicamente, o estrago que a doença de Alzheimer provoca em nosso cérebro.

O Alzheimer resulta da morte das células cerebrais e consequente atrofia do cérebro. Em geral, a devastação se inicia no hipocampo, parte do cérebro onde se processa a memória – por isso um dos primeiros sinais são esquecimentos sucessivos. Com o tempo, alastra-se para outras regiões, levando à deterioração progressiva e persistente das habilidades cognitivas, como raciocínio, linguagem, pensamento e atenção, além da própria memória. Provoca, ainda, desorientação no tempo e no espaço, confusão mental e mudanças de comportamento, sobretudo alterações de humor.

Atividades diárias básicas (como tomar banho ou mudar de roupa) e instrumentais (como o controle das finanças) são impactadas até que a pessoa se torna totalmente dependente de cuidados. Na fase mais avançada, tantos neurônios foram danificados que o portador não consegue mais se comunicar, locomover-se e reconhecer familiares. A velocidade de progressão varia conforme a idade do doente no momento do diagnóstico e a existência de outras doenças coexistentes.

Esse mal foi descoberto em 1906 pelo médico alemão Alois Alzheimer, que detectou com o uso do microscópio as duas estruturas típicas do processo degenerativo que se instala no cérebro: placas formadas pela acumulação da proteína beta-amiloide e emaranhados ou tranças resultantes da degradação da proteína tau. Por razões não devidamente esclarecidas, ambas as proteínas (beta-amiloide e tau), presentes no tecido cerebral, originam essas estruturas tóxicas que prejudicam a comunicação entre as células nervosas e invadem os neurônios, levando à sua destruição. No ano seguinte (1907), o médico publicou um artigo que apresentava seus achados à comunidade científica.

A doença de Alzheimer é a principal causa de demência no mundo: responde por, no mínimo, 50% dos casos. O termo *demência* é usado no meio médico, não como sinônimo de loucura, mas para descrever os quadros em que ocorre a perda, temporária ou permanente, das capacidades cognitivas de um indivíduo: memória, linguagem, agilidade mental, compreensão e juízo.

A segunda causa (entre 20% e 30% dos casos) é a demência vascular: os mesmos fatores que ameaçam o coração de infarto (colesterol alto, hipertensão arterial, diabetes mal controlado, cigarro, obesidade e sedentarismo) podem reduzir o fluxo de sangue ao cérebro e acarretar morte de neurônios. Portanto, esse tipo de demência pode ser prevenido, da mesma forma que se evitam os males do coração.

Dentre as causas menos comuns estão distúrbios metabólicos, infecções, desnutrição e outras doenças neurodegenerativas (existem em torno de cem, fora a própria doença de Alzheimer). Vale ressaltar que em certas situações a demência pode ser revertida. Por exemplo, quando decorre de hipotireoidismo (a tireoide produz menos hormônio do que deveria) ou de deficiência de vitamina B_{12}. A correção dessas carências pode trazer de volta as habilidades cognitivas.

O relatório *Vencer o mal de Alzheimer e outras demências: uma prioridade para a ciência e a sociedade europeia* alerta para um desastre global: até 2050, a demência afetará 131 milhões de indivíduos em todo o mundo, a um custo que poderá chegar a um trilhão de dólares até 2018. Para essa previsão, divulgada em abril de 2016, foram reunidos mais de 30 especialistas de diversos países sob o comando do professor Bengt Winblad, do Centro de Pesquisas do Instituto Karolinska, na Suécia.

Desafios a superar

A doença de Alzheimer tem cura? Não. O tratamento atual procura preservar as funções cognitivas, compensando a deficiência de neurotransmissores ligados à memória e ao aprendizado. É o que fazem medicamentos como rivastigmina, donepezila e galantamina, receitados nas fases iniciais.

De modo geral, os resultados são mais positivos quando a medicação é combinada com a reabilitação cognitiva, um treinamento que procura estimular as células nervosas saudáveis a assumirem a tarefa das que foram destruídas. Isso é possível graças a uma característica notável do cérebro, a neuroplasticidade ou plasticidade cerebral, entendida como a capacidade de estabelecer novas conexões entre os neurônios, reorganizando a comunicação entre eles.

Ainda não existem fármacos capazes de interromper nem desacelerar o progresso da doença de Alzheimer, mas os esforços nesse sentido se acentuaram na última década. Das diversas drogas em estudos, 123 fracassaram nos testes. Mesmo assim, os cientistas que participaram da Conferência Internacional da Associação de Alzheimer (AAIC, em inglês), em julho de 2015, em Washington, nos Estados Unidos, demonstraram otimismo. Essa investigação tem levado a um melhor entendimento sobre como a doença afeta o cérebro e sobre as drogas, ainda em fase inicial de desenvolvimento, com mecanismos de ação inovadores que no futuro talvez consigam deter o avanço da demência. A esperança se volta para os anticorpos monoclonais, proteínas produzidas naturalmente pelo corpo humano, mas alteradas e replicadas em escala nos laboratórios.

O alvo dos pesquisadores é detectar e tratar a doença mais cedo para retardar o início dos sintomas. Segundo cálculos de especialistas, se for possível atrasar em cinco anos o desenvolvimento dessa enfermidade, já daria para cortar pela metade o número de pessoas que vivem com a doença.

Por isso, também se buscam métodos de detecção mais precoces, rápidos, específicos e menos invasivos para identificar a doença antes do surgimento dos sintomas, enquanto ataca em silêncio. Ela pode ter início de dez a quinze anos antes de ser descoberta e já agredir as células nervosas sem fazer alarde.

O diagnóstico atual é feito a partir da avaliação médica e neuropsicológica do paciente e das informações colhidas por métodos de neuroimagem (ressonância magnética e tomografia computadorizada, além de *pet-scan* ou *spect-scan* nos centros mais bem aparelhados). Em geral esses exames conseguem revelar apenas a atrofia do cérebro, que só se manifesta em estágio adiantado.

Recentemente, surgiu um tomógrafo por emissão de pósitrons (PET) capaz de localizar depósitos de beta-amiloides. Contudo, o método tem alto custo e é indisponível em muitos lugares. Há, também, marcadores biológicos, como testes sanguíneos e estudo do líquido cefalorraquidiano (LCR), colhido por meio de punção lombar, que permitem detectar níveis anormais de beta-amiloide e da proteína tau sugestivos da doença de Alzheimer. Usados em estudos científicos, o LCR não faz parte da rotina de investigação dos quadros de demência.

Outro dado que chama a atenção dos pesquisadores é a preferência pelo sexo feminino. Estima-se que dois terços de todos os casos de Alzheimer ocorram entre as mulheres. A primeira explicação cogitada foi que isso ocorre porque as mulheres vivem mais do que os homens. Quanto mais uma população envelhece, maior o percentual de mulheres e de possíveis atingidas pela doença. No entanto, um artigo publicado em 2014 no periódico *Clinical Epidemiology* mostrou que o crescimento da incidência entre elas tem sido desproporcional.

A equipe da Clínica Mayo, nos Estados Unidos, revisou trabalhos sobre o tema, que apontaram diferenças na estrutura e na função do cérebro entre os sexos, condicionadas por fatores biológicos. Além das características hormonais, foram encontradas distinções genéticas, justamente no cromossomo X, que explicariam a maior suscetibilidade bioquímica das mulheres à agressão por Alzheimer. Os autores também assinalaram que fatores psicológicos e psicossociais podem ter um papel importante no desenvolvimento e na progressão da doença.

Será possível prevenir?

As causas da doença de Alzheimer não estão totalmente elucidadas. Sabe-se que o principal fator de risco é a idade avançada. A predisposição familiar também conta. Nos anos 1980 foram descobertas mutações genéticas relacionadas a essa demência. O APOE e4 (identificação da variante e4 na alipoproteína E) é fator genético indicativo de risco aumentado para a doença de Alzheimer de início tardio.

Em 2015, uma equipe da Escola de Medicina da Universidade de Indiana, nos Estados Unidos, localizou mutação em um gene do sistema imunológico, o IL1RAP (*immune signal interleukin-1 receptor accessory protein*), que parece favorecer a formação de placas da proteína beta-amiloide. O estudo, com 500 voluntários, relacionou a mutação do IL1RAP a níveis mais baixos de atividade das células da microglia (que defendem o cérebro contra agressões), maior atrofia

Memória de peixe ou de elefante?

do córtex temporal, declínio cognitivo mais rápido e aumento na taxa de progressão de leve prejuízo cognitivo para demência.

Em 2009, outros três genes suspeitos de envolvimento no aparecimento de Alzheimer foram anunciados depois de 15 anos sem novidades nessa área: clusterina (ou CLU), PICALM e o receptor complementar 1 (ou CR1), localizados por uma equipe da Universidade Cardiff, no País de Gales, e por investigadores do Instituto Pasteur, na França. O estudo, publicado na revista *Nature Genetics*, mostrou que os três podem responder por 22% do risco de ter a doença. Enquanto o CLU e o CR1 interferem no depósito da proteína beta-amiloide, o PICALM altera a comunicação entre os neurônios.

Apesar dessas descobertas, ainda não se sabe com clareza como a predisposição familiar se combina aos fatores do estilo de vida para desencadear a demência. Porém, nem tudo são más notícias. Cientistas da Universidade de Cambridge, na Grã-Bretanha, calculam que um em três casos de Alzheimer no mundo pode ser evitado com mudanças no estilo de vida, como a prática de exercícios físicos e a redução do tabagismo. O artigo coordenado pela professora Carol Brayne baseou-se em estudos populacionais e foi publicado em agosto de 2014 na revista especializada *The Lancet Neurology*.

Outra notícia promissora foi divulgada em março de 2016 em uma das mais importantes revistas científicas do mundo, a *Nature*. A doença de Alzheimer talvez não destrua as memórias, apenas as torne inacessíveis. Estimulando áreas específicas do cérebro de ratos com luz azul, os cientistas liderados pelo prêmio Nobel Susumu Tonegawa, do Japão, conseguiram que os animais lembrassem experiências às quais não conseguiam ter acesso antes.

Os camundongos foram geneticamente modificados para apresentar sintomas semelhantes aos dos seres humanos com Alzheimer. Com a repetição dos estímulos de luz, houve aumento no número de conexões nervosas, atingindo o nível de ratos normais. Esses achados precisam ser confirmados, mas abrem a possibilidade de tratamento e recuperação das memórias perdidas por essa demência, pelo menos em seus estágios iniciais.

Demência *versus* envelhecimento normal

Queixar-se da memória é bastante comum entre idosos. Mais de 75% dos entrevistados em uma enquete realizada pelo grupo do neurologista Paulo Bertolucci, professor da Universidade Federal de São Paulo, com pessoas acima de 65 anos, responderam que tinham algum problema de memória. A segunda pergunta questionava: comparando com pessoas da mesma idade que a sua, o que você acha da sua memória? A grande maioria disse que própria memória era equivalente à das pessoas da mesma idade; ter esses problemas seria o esperado.

É necessário, então, diferenciar eventuais lapsos de memória decorrentes do envelhecimento cognitivo natural (portanto, esperado) de lapsos que são consequência de doenças, sobretudo de Alzheimer.

O quadro a seguir demonstra algumas diferenças:

Diferenças entre Envelhecimento Cognitivo e Alzheimer

Doença de Alzheimer	Envelhecimento Cognitivo
Doença neurodegenerativa crônica	Parte do envelhecimento
Extensa perda de neurônios	O número de neurônios permanece relativamente estável, mas pode haver declínio na função neuronal
Afeta aproximadamente 10% dos americanos idosos	Ocorre em qualquer pessoa, mas a extensão e a natureza das mudanças variam muito
Os declínios com frequência são severos e progressivos	As mudanças são variáveis e graduais

Fonte: Institute of Medicine-Cognitive Aging (abril 2015).

Memória de peixe ou de elefante?

Envelhecimento cognitivo designa o processo natural, contínuo e altamente variável que afeta as habilidades cognitivas – a memória, o pensamento e a tomada de decisão – no cérebro de todo ser humano, mas que não constitui uma doença como Alzheimer e outras formas de demência.

O termo foi cunhado por um grupo de neurocientistas, psiquiatras e *experts* em saúde do cérebro, reunidos pelo *Institute of Medicine*, ligado à Academia Nacional de Medicina dos Estados Unidos, para elaborar um relatório analisando como o envelhecimento afeta o cérebro. O documento *Cognitive Aging* foi divulgado em abril de 2015 com o apoio de instituições de prestígio como o National Institute on Aging (um dos Institutos Nacionais de Saúde dos Estados Unidos), o Center for Disease Control and Prevention (CDC) e várias organizações governamentais e privadas sem fins lucrativos.

Do ponto de vista fisiológico, a manifestação da memória e outras funções cognitivas depende de vários fatores, como a densidade da massa cinzenta e do córtex cerebral, as conexões entre as áreas nervosas e a disponibilidade de neurotransmissores. Segundo o neurologista Márcio Balthazar, professor e pesquisador do Departamento de Neurologia da Unicamp, esses fatores podem mudar com o envelhecimento. Por exemplo, a presença de dopamina, neurotransmissor ligado às sensações de prazer que também participa de funções cognitivas complexas, inclusive do armazenamento das memórias. Em testes, os mais velhos alcançaram pontuações diferentes conforme a disponibilidade da dopamina: quanto maior a presença deste mensageiro químico, melhor o rendimento, disse o pesquisador em entrevista à jornalista Isabel Gardenal.

Ressalto, aqui, que tais mudanças não tornam a memória ruim, obrigatoriamente. Como coloquei desde as primeiras linhas deste livro, ela pode ficar mais lenta, mas não ruim. Quando pessoas de 70 anos participam de disputas de memória com jovens, ambos conseguem memorizar a mesma quantidade, mas ganha quem faz isso mais rápido. Por isso, os idosos ficam atrás. Livre de impedimento fisiológico, um idoso pode se lembrar de tudo.

A influência genética determina como se processa o envelhecimento e a vulnerabilidade a doenças. No entanto, cada vez se constata mais a influência do estilo de vida: os hábitos adotados podem fazer as predisposições trazidas nos genes se expressarem ou não. O ritmo de envelhecimento do cérebro varia profundamente de uma pessoa para a outra. Isso quer dizer que o declínio cognitivo não é inevitável.

Na contramão do que se costuma fazer, o relatório norte-americano não se limita a contabilizar perdas, também apresenta os ganhos do envelhecimento. O texto afirma que a longevidade aumenta o conhecimento e a sabedoria, expandindo a expertise na introspecção, no julgamento e no planejamento da vida.

Quando, então, vale a pena passar por uma avaliação médica para averiguar se determinada pessoa não está caindo nas garras de alguma doença que degenera o cérebro?

Quando os lapsos se tornam mais frequentes e consistentes a ponto de prejudicar as atividades diárias. A pessoa começa a ter dificuldade de se manter atualizada e de se orientar no tempo, confunde mês e ano, fica repetitiva, informa o neurologista Márcio Balthazar. Nesse caso, o esquecimento talvez não seja apenas benigno e ocasional.

O neurologista Paulo Bertolucci, da Unifesp, sugere uma avaliação médica quando a perda de memória começa a incomodar por ser muito frequente e, sobretudo, quando passa a interferir no seu dia a dia. Quando a pessoa deixa de fazer coisas que fazia antes ou começa a realizar de modo diferente para compensar as falhas da memória. Por exemplo, uma pessoa que nunca precisou anotar recado de repente precisa marcar tudo, do contrário esquece. Mudanças como essas devem ser avaliadas, não só para quem passou dos 50 anos, mas em todas as idades.

Memória de peixe ou de elefante?

O teste que encerra este capítulo pode ajudar a analisar suas habilidades cognitivas. Ele pode ser realizado por pessoas de todas as idades que estejam incomodadas com seus lapsos de memória, embora se destine especialmente àquelas que enfrentam apagões com mais frequência a fim de detectar sinais precoces de demência.

Quem se preocupa com a saúde de um familiar idoso pode preenchê-lo observando o comportamento desse ente querido.

É óbvio que o teste não faz nem substitui um diagnóstico médico, mas ajuda a captar melhor características que às vezes passam despercebidas e compreender a necessidade de solicitar uma avaliação especializada.

Batizado de Sistema Rápido de Avaliação da Demência (e pela sigla em inglês QRDS), o teste foi desenvolvido pelo neurologista James E. Galvin, ex-professor da Universidade de Nova York e atualmente pesquisador do Colégio de Medicina da Universidade Florida Atlantic, em Boca Ratón.

Os próximos capítulos apresentarão soluções e métodos para assumir uma postura mais atenta e contornar os esquecimentos. Pois, como você deve ter percebido, apesar de levar a fama, a memória nem sempre é uma vilã da longevidade.

TESTE PARA AVALIAR MEMÓRIA E OUTRAS HABILIDADES COGNITIVAS

QDRS – SISTEMA RÁPIDO DE AVALIAÇÃO DA DEMÊNCIA

Este teste avalia mudanças nas habilidades cognitivas e funcionais do paciente. Você deve comparar o paciente agora em relação a como ele costumava ser – a questão central é a mudança. Em cada categoria, escolha a frase que descreve melhor o paciente e anote quantos pontos ela vale. Some os pontos de cada questão e veja, ao final do teste, o que essa pontuação significa.

Nem todas as características precisam estar presentes para que a resposta seja escolhida.

MEMÓRIA

0 ponto – Não há perda de memória óbvia. Esquecimentos irregulares que não interferem com as atividades diárias.

0,5 ponto – Esquecimento leve e regular ou parcial de eventos, que pode interferir com atividades diárias; repete perguntas e frases, coloca objetos em lugares incomuns; esquece compromissos.

1 ponto – Perda de memória leve a moderada, mais perceptível quando se trata de eventos recentes; interfere com as atividades diárias.

2 pontos – Perda de memória moderada a severa; novas informações são rapidamente esquecidas; só lembra-se de informações aprendidas com muito esforço.

3 pontos – Perda de memória severa; quase impossível recordar novas informações; memória de longo prazo pode estar afetada.

ORIENTAÇÃO

0 ponto – Plenamente orientado quanto a pessoas, espaço e tempo praticamente sempre.

0,5 ponto – Leve dificuldade em manter controle do tempo; pode esquecer datas com mais frequência do que no passado.

1 ponto – Dificuldade leve a moderada em acompanhar o tempo e sequências de eventos; esquece o mês do ano; orientado em locais familiares, mas fica confuso fora de espaços conhecidos; perde-se e fica vagando.

2 pontos – Dificuldade moderada a severa; geralmente desorientado quanto a tempo e espaço (familiar ou não); frequentemente tem dificuldade em lembrar-se do passado.

3 pontos – Orientado apenas quanto ao próprio nome, ainda que possa reconhecer parentes.

TOMADA DE DECISÕES
E RESOLUÇÃO DE PROBLEMAS

0 ponto – Resolve problemas cotidianos sem dificuldades; lida bem com questões pessoais e financeiras; habilidades de tomada de decisões consistentes com seu histórico.

0,5 *ponto* – Leve debilidade (ou maior demora) na resolução de problemas; dificuldade com conceitos abstratos; decisões ainda coerentes.

1 *ponto* – Dificuldades moderadas em lidar com problemas e tomar decisões; delega muitas decisões a terceiros; percepção e comportamento sociais podem estar levemente comprometidos; perda de discernimento.

2 *pontos* – Gravemente debilitado em lidar com problemas, tomando apenas decisões pessoais simples; percepção e comportamento sociais frequentemente debilitados; sem discernimento.

3 *pontos* – Incapaz de tomar decisões ou resolver problemas; terceiros tomam quase todas as decisões para ele ou ela.

ATIVIDADES FORA DE CASA

0 *ponto* – Leva adiante sua profissão de forma independente, realiza compras, atividades comunitárias e religiosas, voluntárias e em grupos sociais.

0,5 *ponto* – Leve debilidade nessas atividades se comparado a desempenhos prévios; leve mudança nas habilidades como motorista; ainda capaz de lidar com situações de emergência.

1 *ponto* – Incapaz de funcionar de modo independente, mas ainda capaz de acompanhar compromissos sociais; parece "normal" a terceiros; mudanças perceptíveis nas habilidades como motorista; preocupações quanto à habilidade dela de lidar com situações de emergência.

2 *pontos* – Sem habilidade de praticar atividades fora de casa de forma independente; parece bem o suficiente para ser levado para atividades exteriores, mas geralmente precisa estar acompanhado.

3 *pontos* – Incapaz de praticar atividades de forma independente; parece muito doente para ser levado a atividades fora de casa.

HABILIDADES EM CASA E HOBBIES

0 ponto – Atividades em casa, hobbies e interesses pessoais mantidos em relação ao comportamento prévio.

0,5 ponto – Leve debilidade ou perda de interesse nessas atividades; dificuldade em operar equipamentos (sobretudo os mais novos).

1 ponto – Debilidade leve porém definitiva em casa e em hobbies; abandonou tarefas de maior dificuldade, bem como hobbies e interesses mais complexos.

2 pontos – Preservadas apenas as atividades diárias mais simples; interesse muito restrito em hobbies, cumprido com pouco rigor.

3 pontos – Sem habilidade significativa em tarefas domésticas ou em hobbies prévios.

HÁBITOS DE HIGIENE PESSOAL

0 ponto – Totalmente capaz de se cuidar, vestir, lavar, tomar banho, usar o banheiro.

0,5 ponto – Mudanças leves nas habilidades com essas atividades.

1 ponto – Precisa ser lembrado de ir ao banheiro, mas consegue fazê-lo de forma independente.

2 pontos – Precisa de ajuda para se vestir e limpar; ocasionalmente incontinente.

3 pontos – Requer considerável ajuda com a higiene e cuidado pessoal; incontinência frequente.

MUDANÇAS DE COMPORTAMENTO E PERSONALIDADE

0 ponto – Comportamento social apropriado, nas esferas pública e privada; nenhuma mudança na personalidade.

0,5 ponto – Mudanças questionáveis ou muito leves em comportamento, personalidade, controle emocional, pertinência das escolhas.

1 ponto – Mudanças leves em comportamento ou personalidade.

2 pontos – Mudanças moderadas em comportamento ou personalidade, afetando a interação com as pessoas; pode ser evitado por amigos, vizinhos ou parentes distantes.

3 pontos – Severas mudanças de comportamento ou personalidade, tornando inviáveis ou desagradáveis as interações com terceiros.

HABILIDADES DE LINGUAGEM E COMUNICAÇÃO

0 ponto – Nenhuma dificuldade de linguagem ou esquecimento de palavras; lê e escreve tão bem quanto no passado.

0,5 pontos – Dificuldade leve porém mostra consistência em encontrar as palavras ou termos descritivos; pode levar mais tempo para completar raciocínio; leves problemas de compreensão; conversação debilitada; pode haver efeitos sobre leitura e escrita.

1 ponto – Dificuldade moderada em encontrar as palavras certas; incapaz de nomear objetos; notável redução em vocabulário; compreensão, conversação, leitura e escrita reduzidas.

2 pontos – Debilidades moderadas ou severas na fala ou na compreensão; dificuldade em comunicar pensamentos aos demais; habilidade limitada em leitura e escrita.

3 pontos – Déficits severos em linguagem e comunicação; pouca ou nenhuma fala compreensível.

HUMOR

0 ponto – Nenhuma mudança de humor, interesse ou motivação.

0,5 ponto – Ocasionais momentos de tristeza, depressão, ansiedade, nervosismo ou perda de interesse/motivação.

1 ponto – Questões moderadas porém diárias com tristeza, depressão, ansiedade, nervosismo ou perda de interesse/motivação.

2 pontos – Questões moderadas com tristeza, depressão, ansiedade, nervosismo ou perda de interesse/motivação.

3 pontos – Questões severas com tristeza, depressão, ansiedade, nervosismo ou perda de interesse/motivação.

ATENÇÃO E CONCENTRAÇÃO

0 ponto – Atenção normal, concentração e interação com o meio que o rodeia.

0,5 ponto – Problemas leves de atenção, concentração ou interação com o ambiente; pode parecer sonolento durante o dia.

1 ponto – Problemas moderados de atenção e concentração; pode ficar olhando fixamente para um ponto no espaço ou de olhos fechados durante alguns períodos; crescente sonolência durante o dia.

2 pontos – Passa parte considerável do dia dormindo; não presta atenção ao seu redor; quando conversa diz coisas sem lógica ou que não têm relação com o tema.

3 pontos – Habilidade limitada ou inexistente para prestar atenção ao ambiente externo.

PONTUAÇÃO: O teste não equivale a um diagnóstico médico. A pontuação final vai de zero a 30, e pontuações mais altas sugerem maior perda cognitiva. Os padrões de avaliação, a partir da aplicação do teste em 267 pacientes, indicam que:

Normal: 0-1 ponto

Leve debilidade cognitiva: 2 a 5 pontos

Os segredos para ter memória forte e cérebro sempre jovem

Demência leve: 6 a 12 pontos

Demência moderada: 13 a 20 pontos

Demência severa: 20 a 30 pontos

Pontuações altas indicam que o paciente deve passar por uma avaliação médica para um diagnóstico formal. Pontuações "normais" sugerem que é improvável que o paciente sofra de demência. Mas, se houver suspeita, procure auxílio profissional.

Fonte: James E. Galvin, pesquisador do Colégio de Medicina da Universidade Florida Atlantic (EUA). Reproduzido com permissão. Copyright 2013. A *Rapid Dementia Staging Tool* é propriedade de James E. Galvin e da Faculdade de Medicina da Universidade de Nova York. Todos os direitos reservados.

4

BRANCO NA MEMÓRIA:
ESSE LABIRINTO TEM SAÍDA

Branco na memória: esse labirinto tem saída

No filme *Maze Runner – correr ou morrer*, um grupo de jovens vive preso em um labirinto com paredes feitas de rochas gigantescas como se fossem prédios impossíveis de escalar. Todo amanhecer, eles têm a oportunidade de sair para explorar o labirinto na expectativa de encontrar uma saída, mas dispõem de pouco tempo. Precisam correr muito e retornar antes do anoitecer, porque após esse período feras mortais percorrem os corredores dos labirintos. É a decisão de correr ou morrer.

Às vezes, temos a impressão de que vivemos em um filme no qual todos os dias é preciso correr ou morrer. Nossas vidas apresentam muitas semelhanças com a história desse filme. Nosso mundo é belíssimo, mas oferece ao nosso cérebro uma complexidade para sobreviver. Os desafios do trabalho, os dilemas sociais, o sustento da família, os nossos objetivos.

Talvez você acorde todos os dias com a sensação de estar vivendo em um labirinto semelhante ao do filme. Você sai de sua casa pela manhã e entra em um labirinto de possibilidades e escolhas, retas, curvas, atalhos que não sabe onde dará. Suas decisões podem deixá-lo mais próximo ou ainda mais longe da saída. Uma escolha errada pode subitamente colocá-lo de frente para o perigo. Nessas ocasiões, quando a vida lhe mostra uma gama de possibilidades, só existe algo em que você pode confiar: a sua memória.

Os jovens do filme tinham uma capacidade impressionante de memorização. Eles passavam o dia inteiro fora, explorando o labirinto. Quando precisavam retornar para suas cabanas, tinham que consultar a memória para relembrar o trajeto. Os perigos e as oportunidades que enfrentavam diariamente ajudaram a consolidar um mapa do local na mente de cada um.

Os jovens tinham um objetivo da mesma forma que você tem seus objetivos, projetos e sonhos. Eles buscavam escapar da prisão. Você, por meio do trabalho, busca, no fundo, segurança, conforto e felicidade. Para avançarem cada metro dentro do labirinto, eles precisavam olhar para trás e lembrar tudo o que haviam percorrido. Para tomar uma decisão e avançar, você obrigatoriamente olha para trás, e metaforicamente lembra de todo caminho percorrido para chegar aonde chegou. Esta é a virtude da maturidade. Você não sai como um louco fazendo besteiras. Todos os passos são analisados segundo as experiências gravadas num "banco de dados mental".

"O mundo dos velhos, de todos os velhos, é, de modo mais ou menos intenso, o mundo da memória. Dizemos: afinal, somos aquilo que pensamos, amamos, realizamos". E eu acrescentaria: somos aquilo que lembramos.

A frase foi dita pelo intelectual italiano Norberto Bobbio aos 85 anos quando recebia o diploma *honoris causa* em Ciências Políticas na Università degli Studi di Sassari, na Sardenha, em 1994, e depois transcrita no livro *O tempo da memória* (Editora Campus). Ela traduz com muita propriedade a visão que tenho sobre memória.

Bobbio continua: "O tempo do velho, repito ainda uma vez, é o passado. E o passado revive na memória. O grande patrimônio do velho está no mundo maravilhoso da memória, fonte inesgotável de reflexões sobre nós mesmos, sobre o universo em que vivemos, sobre as pessoas e os acontecimentos que, ao longo do caminho, atraíram nossa atenção".

Se quisermos preservar esse patrimônio, essa riqueza de experiências acumuladas ao longo da vida, precisamos reconhecer a importância e cuidar muito bem da memória. Este capítulo apresentará soluções para mantê-la viva e ativa em todas as idades.

Afinal, a esta altura você deve ter percebido qual é a função mais nobre da memória. É ser um poderoso mecanismo de defesa. É a memória que nos permite avançar com segurança diante dos desafios da vida, sejam eles simples, como atravessar uma rua, escolher um alimento, checar se o degrau é alto demais, ou complexo, como escolher a melhor aplicação financeira, a consequência de demitir um funcionário ou se a família deve ou não mudar de cidade.

Para que os jovens presos no labirinto dessem um novo passo à frente, eles precisavam revisar os passos anteriores; tinham de consultar a memória. A memória está no centro de todas as suas decisões. Tem o *status* de ministro de defesa quando você se reúne com "seus botões".

A saída, por tudo o que dissemos até agora, se eu resumir em poucas palavras, é ter uma memória forte e confiável. É poder olhar para o passado (que nada mais é do que memórias) e nele encontrar rapidamente as respostas para os desafios do dia a dia. Entenda: não estou dizendo que você deva viver do passado. Quem vive do passado é museu! Estou apenas dizendo que a sua memória deve ser forte o suficiente para apresentar as melhores respostas. No entanto, faço uma ressalva: há quem busque respostas antigas para problemas atuais. Isso pode nos deixar tão revoltados quanto os esquecimentos e lapsos de memória. Sabe por quê? Porque não costuma funcionar. Conhecemos pessoas com uma memória superabastecida, mas tudo o que tem lá dentro não serve para nada. É como aqueles "acumuladores" que de vez em quando aparecem em reportagens na televisão.

Em boa parte dos casos, você não encontrará a solução para um novo problema revirando as velharias e sim abrindo a mente para o novo. É preciso acionar outro departamento do seu cérebro, a criatividade (sobre a qual falaremos mais adiante).

Algumas pessoas que se queixam de estarem esquecidas, em geral, costumam apresentar o seguinte discurso: "Antigamente eu tinha uma memória tão boa!".

Será que foi a memória que mudou ou foi o mundo?

Lembro-me de ter ouvido a história da secretária de uma cidade pequena que sabia de cor os telefones de todos os moradores daquela comunidade. Diziam que era uma "lista telefônica ambulante". Não raramente, os gerentes de banco também decoravam o CPF de seus clientes. Existe explicação para esses acrobatas mnemônicos – e ela não reside em uma memória prodigiosa.

Pense por um minuto em como era a vida no passado. Se você não tiver tanta idade assim, converse com seus tios ou seus avós. Vamos voltar no tempo, há mais ou menos três décadas.

Vamos supor alguém que tenha hoje 55 anos. Como vivia quando estava na casa dos 20 anos, ou seja, na década de 1980?

A música mais tocada quando o Brasil foi tricampeão mundial de futebol, em 1970, "Pra Frente Brasil", revelava o número de torcedores do país:

"Noventa milhões em ação, pra frente Brasil, no meu coração".

Dez anos depois, em 1980, a população brasileira atingia quase 120 milhões de habitantes. Hoje somos 205 milhões de pessoas com raças, costumes e crenças diferentes.

O círculo social naquela época era reduzido. Os amigos frequentavam a mesma escola, o mesmo clube, e, geralmente, moravam no mesmo bairro. Se fôssemos fazer uma planilha no Excel com todos os nomes das pessoas de sua convivência, abrangeria um grupo pequeno, bem limitado. Por isso, o bancário poderia memorizar algumas centenas de CPFs diferentes. E a telefonista, que passava um terço do dia durante anos vendo números de telefones, com certeza era uma lista ambulante.

Meu avô era proprietário rural no interior. Conversava com meus tios, o dono do mercado, o vizinho do sítio e mais algumas pessoas da comunidade na quermesse da igreja. Seu círculo social não chegava a 20 pessoas e não tinha TV.

Branco na memória: esse labirinto tem saída

Evidentemente, o passado é fundamental na formação da nossa memória e uma boa ideia é estimular as recordações, como veremos adiante. Pegar uma foto antiga e olhar para ela durante alguns minutos tentando lembrar-se dos detalhes é uma solução interessante para ativar e fortalecer a memória. A ciência recomenda que se faça isso.

Entretanto, você, principalmente se passou dos 50 anos, precisa reconhecer que o mundo mudou. A sua memória é a mesma, mas o mundo mudou radicalmente. Um mundo novo exige soluções novas.

Os jovens do labirinto consultavam a memória quando precisavam retornar ao ponto de partida e ficar em segurança. Contudo, eles só conseguiram achar a saída quando uniram tudo o que conheciam sobre aquele local (experiências passadas) com a capacidade de reconhecer, aceitar e aprender com o novo. Confesso que isso me arrepia, porque a capacidade de aprender algo novo todos os dias ajuda a manter o meu cérebro jovem. E isso vai acontecer com você também.

Trata-se de parar imediatamente de dizer que "antigamente era..." e começar a pensar: "O que temos para aprender hoje?"

Atualmente, se você criar um perfil nas redes sociais, em pouco tempo contabilizará facilmente 500 amigos. Muitos desses contatos nem moram na mesma cidade, às vezes estão em países diferentes. Isso é uma oportunidade de aprendizado incrível para estimular o seu cérebro. Mas para isso é preciso estar aberto para o novo. Você tem um perfil nas redes sociais? Não? Qual tal criar um agora?

Aposentadoria, jamais!

Vamos refletir sobre o mundo do trabalho.

Antigamente, permanecer 30 anos na mesma empresa representava *status* e boa reputação, não é verdade? Fazer a mesma coisa do mesmo jeito por 30 anos era sinal de sucesso profissional. Hoje permanecer dez anos em uma empresa pode ser negativo. Entende-se como restrição profissional. O funcionário parece ser limitado, só sabe fazer aquilo. Hoje o mercado exige uma pessoa multifuncional.

No passado, os funcionários mais velhos eram prestigiados e cabia a eles ensinar as novas gerações a exercer suas funções. A experiência era considerada a chave do sucesso no mundo corporativo. Atualmente o que se valoriza é a flexibilidade. E não é difícil encontrar nas grandes empresas gerentes jovens, com menos de 28 anos.

Assim, embora exista muito conhecimento gravado em sua memória, no mundo atual a experiência passou a ter menos importância do que a capacidade de gerar ideias lucrativas. A boa notícia é que você pode aliar os dois: experiência somada à mente aberta para o novo pode significar ideias lucrativas.

Está na hora de fazer uma faxina na memória

Há três décadas, a grande atividade de lazer era a televisão. De vez em quando se ia ao cinema, batia-se um papo, lia-se um livro. As músicas, gravadas em discos de vinil, eram ouvidas em vitrolas portáteis. Havia fitas cassetes e os gravadores, que trouxeram a possibilidade de registrar sua música favorita – torcia-se para ela tocar no rádio e o locutor não ficar falando e estragar a gravação. Hoje tudo se resume a um aparelho que com certeza você tem aí no seu bolso ou bem perto de você, o smartphone.

Atualmente, basta você apertar o botão do celular e tem acesso a 30 milhões de músicas, bilhões de horas de vídeos. As séries e filmes preferidos são assistidos a qualquer momento por meio de serviços de *streaming*. Um único dispositivo concentra uma gama antes inimaginável de informações. E o desafio, hoje, é manter o cérebro ativo e a memória viva nesse contexto tão cheio de estímulos e com tamanha diversidade de informações. Aliás, permita-me a correção: não veja este mundo como um desafio, mas como uma experiência que pode ser divertida para a memória.

Não estou sugerindo que você tenha que fazer uma faxina no seu HD mental, embora saiba que muitas pessoas tenham vontade de apagar algumas lembranças, mas que você faça novas associações com o que já sabe. Tenho certeza de que deve ter muita coisa boa perdida dentro desse vasto conhecimento "acumulado".

O caminho neste caso está na criatividade, que é sua capacidade de utilizar um conhecimento velho e dar a ele uma nova roupagem. É como pegar uma geladeira Frigidaire da década de 1940 e transformá-la em peça decorativa em um restaurante de grife ou um carro Simca Chambord, com sua traseira em formato de rabo de peixe, primeiro carro de luxo produzido no Brasil entre 1958 e 1961, e colocá-lo na frente de um empreendimento ao qual se pretenda dar um ar de sofisticação e nostalgia. Ou ainda, transformar o vestido de casamento da mãe em um modelo único para ser usado pela filha no dia do próprio matrimônio.

___ O que o futuro nos reserva

Depois de visitarmos o passado, agora vamos pensar no futuro da memória.

O que você faria se depois que seu corpo morresse descobrisse que continua vivo? Refiro-me à transferência de memória, uma daquelas propostas que parecem ter saído dos enredos de ficção científica e estão se tornando cada vez mais próximas da realidade.

De acordo com entrevista concedida a David Jay Brown, a equipe do cientista austríaco Hans Moravec pesquisa um método eficaz para "fazer *download*" das informações contidas no cérebro humano e transferir as memórias para um sistema de computação. Assim, no seu leito de morte, o *backup* de suas lembranças poderia ser implantado em um robô, como se fosse o disco rígido de um computador. Você poderia "viver eternamente", consegue imaginar isso?

Os mais otimistas calculam que esses "implantes de memória" podem estar disponíveis no mercado em 40 anos. Outros calculam o dobro: 80 anos.

Não sabemos se tal ideia é viável, mas o que não dá é para fugir da discussão filosófica que os tais implantes suscitam:

Quem está ali?

Uma mente sem cérebro.

É a pessoa?

É a alma dela?

É apenas uma continuação artificial?

Pode-se esperar que a máquina racional dê continuidade à sua existência?

Parece que alguns cientistas viajam... mas essa busca tem algum fundamento.

Em um planeta em que os recursos naturais estão se esgotando rapidamente e as formas de vida, ameaçadas, as máquinas têm mais chances de sobrevivência porque não precisam de oxigênio e água. Isso faz todo sentido. Se isso é um fato, então os recursos de inteligência artificial que dispomos hoje poderiam criar uma possibilidade de continuidade para o futuro. Uma espécie de evolução da biologia para mecânica.

Bem... os cientistas começaram, só não sabemos ainda onde isso tudo vai parar.

Então vamos voltar aqui à realidade, presente e palpável, e falar sobre o que podemos fazer a respeito da sua memória.

____ O que temos para aprender hoje

A solução para uma memória forte e confiável ainda não está no frasco de um remédio milagroso, uma pílula mágica que impeça ou recupere os esquecimentos. Nenhum remédio, por mais potente que seja, ajudará você a se lembrar de onde guardou aquele cartão do CPF porque, na verdade, não o guardou; ele caiu do seu bolso na hora em que puxou o lenço para assuar o nariz... lembra?

Pois é. O caminho é fortalecer a memória; é conhecer a memória, adotando atitudes e atividades que melhorem o desempenho cerebral e investindo em métodos de memorização. E, como disse antes e reitero aqui, isso independe da idade.

Em linhas gerais, as crianças saudáveis do ponto de vista físico e emocional aprendem com mais qualidade e registram melhor os dados porque vivem mais no presente. Não parecem se preocupar com o futuro nem com o passado.

Já os idosos podem ser mais lentos em suas decisões e menos fluentes em suas operações do que na juventude. "Podem ser", não disse que são, certo? A perda cognitiva não é obrigatória com a idade.

Nesse sentido, vale a pena conhecer o trabalho de Michael Merzenich, professor emérito da Universidade da Califórnia, em São Francisco (EUA). Nas décadas de 1970 e 1980, ele foi pioneiro nos estudos sobre neuroplasticidade (a capacidade que o cérebro possui de mudar formando novas conexões para atender a novos estímulos). Nos últimos anos, ele estuda como a prática de exercícios intelectuais pode ajudar pessoas vítimas de lesões cerebrais por traumas, infecções ou acidentes vasculares cerebrais (AVC) a criarem novas conexões entre os neurônios e recuperarem habilidades perdidas. Seu trabalho mostrou que a deterioração é reversível.

___ Cinco soluções efetivas

Resolver bons problemas é uma forma de movimentar as lembranças e manter o cérebro jovem. Entenda por bons problemas aqueles que são gostosos de resolver, que não o deixam uma pilha de estresse.

Ajudar outras pessoas a encontrar uma solução (desde que elas aceitem sua ajuda, é óbvio), voltar a estudar, escrever um livro, dar aulas. Como disse antes, o conhecimento que você revive ativa o sistema cognitivo, despertando a memória e a inteligência para localizar a resposta.

O caminho para aperfeiçoar a memória é envolver-se em atividades que mobilizem as lembranças. Aqui não entram apenas as recomendações clássicas como fazer palavras cruzadas. A qualquer momento você pode pôr sua cabeça para funcionar.

O envelhecimento não precisa ser um processo passivo. "Nós não temos que apenas sentar e deixar o tempo fazer estragos em nós", disse o diretor do Centro de Pesquisa da Doença de Alzheimer da Clínica Mayo, Ronald Petersen, um dos revisores do documento *Cognitive Aging*, assinado por especialistas norte-americanos sobre como manter o cérebro saudável e a mente afiada com o avanço da idade, na ocasião de seu lançamento, em abril de 2015. "Podemos intervir no envelhecimento cognitivo e ter um impacto na taxa pela qual nós experimentamos mudanças, talvez adiando esses estragos por períodos cada vez maiores de tempo."

E como preparar o cérebro e manter a memória viva para atender aos novos e constantes desafios? Proponho cinco soluções para começarmos a responder a esta pergunta:

Busque uma vida plena e ao mesmo tempo simples

É preciso viver intensamente, mas de forma leve. Realizar projetos sem tanta cobrança, pressão ou urgência. Investir seu tempo no que faz sentido, no que traz prazer – nem tanto na recompensa financeira. Por exemplo: quando minha mãe se aposentou na profissão de cabeleireira, ela ficou muito mal. A rotina de salão, clientes, pagamentos, recebimentos ocupava sua mente o dia inteiro. Quando se aposentou e passou a ficar em casa, ela entrou em depressão. Foi então que resolveu ocupar o tempo cuidando de orquídeas. Em sua casa havia alguns exemplares e pouco dinheiro para comprar outros. Foi assim que ela resolveu estudar tudo sobre orquídeas. Aprendeu a tratar das flores e a fazer novas mudas. Hoje, ela se diverte muito cuidando de um lindo orquidário com mais de 3 mil plantas.

Orquídeas alimentam a alma da Dona Tina. Novas freguesas surgiram. Ela consegue estar próxima das pessoas e manter-se feliz no convívio com amigos e familiares. Esse tipo de solução é aconselhado pelo clínico geral norte-americano Arthur Rivin, professor emérito da Universidade da Califórnia, e que desenvolveu a doença de Alzheimer. Embora tratasse pacientes com esse diagnóstico, demorou a suspeitar da própria aflição. Temendo que as pessoas ficassem com pena dele, manteve a doença em segredo e se afastou de quem amava. Aprendeu a duras penas que o isolamento pode piorar as coisas e que pessoas queridas são tolerantes e sua ajuda é valiosa.

Tenha um propósito na vida

A forte sensação de que sua vida tem sentido e direção torna a pessoa 44% menos propensa a desenvolver lesões no cérebro decorrentes de bloqueios no fluxo sanguíneo. Este foi o resultado da pesquisa conduzida na Universidade Rush e publicada em março de 2015 no jornal *Stroke*, da Associação Americana do Coração. Foram analisados resultados de autópsias feitas em 453 pessoas, com a média de 84 anos, que se voluntariaram para o Projeto Memória e Envelhecimento de Rush e anualmente se submetiam a avaliações físicas e psicológicas até a morte. "A saúde mental, em particular fatores psicológicos positivos, como ter um propósito na vida, estão emergindo como determinantes muito potentes da saúde futura", comentou a coautora do estudo Patricia Boyle, professora de Ciências do Comportamento do Centro da Doença de Alzheimer de Rush. Daí a importância de se engajar em atividades motivadoras e gratificantes.

Siga um estilo de vida saudável

Diversos trabalhos científicos demonstram que o cérebro só tem a ganhar com a adoção de hábitos saudáveis. Um dos mais contundentes foi realizado na Universidade Columbia (EUA) e publicado em 16 de março de 2016 na versão on-line do *Journal of the American Heart Association*. Partindo de uma grande base de dados da população norte-americana, os cientistas verificaram que os indivíduos com melhores indicadores de saúde cardiovascular (não fumantes, peso ideal, atividade física regular, dieta saudável e níveis normais de pressão arterial, colesterol e glicose) tinham menos danos cognitivos tardiamente na vida, especialmente no que se refere à velocidade de processamento, função executiva e memória episódica.

Organize as tarefas

Programar a rotina, estabelecer passos, fazer *checklists* são ações que favorecem a memória. Pessoas organizadas raramente esquecem, ao contrário das desorganizadas. Estudos da Universidade Princeton (EUA), conduzidos pelas neurocientistas Stephanie McCains e Sabine Kastner, compararam o desempenho de voluntários ao trabalharem em ambientes arrumados e bagunçados. Aqueles que foram submetidos à bagunça tiveram dificuldade de manter a concentração, queda no desempenho e aumento do estresse que – você já sabe – sobrecarrega o cérebro.

Saiba lidar com informações

Não dá para viver na loucura de querer interagir com tudo, mas você pode extrair o máximo da tecnologia e informação, selecionando o que lhe traz mais prazer. Por exemplo, existe pelo menos uma dúzia de redes sociais disponíveis. Você pode se dedicar a uma ou duas delas para fazer um uso desses canais de comunicação com qualidade.

Às vezes temos a ilusão de que fazer mil coisas ao mesmo tempo é sinônimo de eficiência. Entretanto, ao tentarmos nos desdobrar dispersamos mais energia e corremos o risco de fazer tudo malfeito. É preciso colocar filtros. Selecionar o que é realmente importante para você. E o que interessa para as pessoas de sua convivência (filho, marido, esposa, chefe) para estabelecer comunicação com elas e lembrar o que precisa ser lembrado.

Você viu aqui o que pode ser feito para preservar suas funções cognitivas. No próximo capítulo, ensinarei como fazê-lo: dar sugestões de ações destinadas a colocar essas soluções em prática no seu dia a dia. Vamos lá!

5

PLANO DE TREINAMENTO DO SEU CÉREBRO

Imaginemos que você é um estudante universitário. Todos os dias você vai para a faculdade de mãos dadas com a sua memória. Ela é a sua fiel companheira, quem o auxilia nos estudos, no armazenar de novas matérias e nas provas.

Um dia, ao entrar na universidade, você se depara com um enorme letreiro esculpido em gelo com a seguinte frase:

"Devolver o livro de inglês".

Ao longo do dia, o gelo vai derretendo e a mensagem se desmanchando. A intenção é mostrar que a memória é frágil como o gelo, por isso não se pode confiar nela. A solução é adotar o *post-it*.

Esse fato aconteceu de verdade e é um exemplo do que se chama de marketing de guerrilha. São ações marcantes para atrair a atenção do consumidor. Essa intervenção foi criada por uma agência de publicidade do Peru com o objetivo de disseminar entre os estudantes um produto que tinha bom consumo nos escritórios: o *post-it*, papel para recados que possui uma parte revestida de substância adesiva para colar facilmente onde se quiser.

Essa provocação não me agrada. A mensagem negativa veiculada estimula o aluno a desconfiar da sua fiel companheira, a memória. E se existe algo que um estudante não pode colocar em dúvida é a sua capacidade de memorização. O que uma ação dessa faz é provocar dúvida, ansiedade e medo na cabeça do estudante. Pois, para alavancar as vendas de um produto, a empresa apelou para a fragilidade e, sobretudo, para o desconhecimento que o aluno tem da memória.

Se as pessoas conhecessem melhor as propriedades da memória saberiam que, embora ela tenha limitações, nossa vida mental é formada mais por lembranças do que por esquecimentos. E grande parte dos esquecimentos que sofremos poderia ser evitada com métodos simples.

O Alzheimer é como a beira da represa que sofre um pequeno vazamento, mas com o tempo se transforma em uma grande erosão que permite que se perca para sempre grande parte do bem armazenado. Gosto de usar essa metáfora para descrever a doença de Alzheimer e mostrar que existem, sim, formas de selar esse vazamento e evitar uma tragédia.

Neste capítulo quero apresentar a você uma série de estudos recentes com orientações sobre como lidar com problemas de memória. Veremos que algumas exigirão um pouco mais de dedicação, tempo e disciplina, mas todas serão de uso imediato, ou seja, você lê, entende e toma uma providência imediata. Será a nossa estratégia de guerrilha para trazer de volta a confiança em nossa memória.

Converse com sua memória: o método das perguntas

Conforme foi orientado nos capítulos anteriores, você sentia que estava sofrendo alguns lapsos de memória, fez o teste oferecido neste livro e resolveu conversar com um médico. Esse profissional fez alguns exames e verificou que está tudo certo com você. Semanas depois, você volta a sofrer uns leves apagões.

Antes de simplesmente aceitar que você está esquecido, de culpar a memória e imaginar um futuro sombrio, proponho que tenha uma DR com ela. Isso mesmo, que você discuta a relação. Tente entender os motivos dos esquecimentos.

Comece desta forma:

Faça um recorte (mental) do esquecimento mais recente que sofreu e anote no alto de uma folha de papel. O objetivo é tentar analisar a situação quadro a quadro a fim de entender melhor as circunstâncias e verificar o que poderia ter sido feito para evitá-la.

Pode acreditar: qualquer pessoa lúcida de 90 anos consegue raciocinar do modo como estou indicando e prevenir esquecimentos, o que valida essa solução. O método de conversar com a memória que sugiro aqui se compõe de seis perguntas essenciais. Anote-as na folha:

1) O que foi esquecido? (objeto, compromisso, tarefa, pagamento, data etc.)

2) Que prejuízo causou? (qual a consequência ou dor causada pelo esquecimento)

3) Quanto custou? (verifique se teve um custo financeiro e o valor)

4) Quais eram as minhas sensações e emoções na hora em que o esquecimento ocorreu?

5) O que aconteceria se tivesse sido evitado? (reescreva o final da história)

6) Como o esquecimento poderia ter sido evitado?

Deixe-me exemplificar com uma situação extremamente comum, que já aconteceu comigo e talvez tenha acontecido com você também: esquecer o guarda-chuva na porta do restaurante. Quando cheguei estava chovendo; na hora da saída, não. Ainda sob o efeito do calor da conversa dos amigos, passei direto pela porta e fui embora sem apanhar o guarda-chuva.

Aplicando o método das perguntas:

1) O que foi esquecido?

Resposta: O guarda-chuva foi esquecido.

2) Que prejuízo causou?

Resposta: Prejuízo financeiro (o preço de um guarda-chuva novo), temporal (ter que voltar lá para pegar o guarda-chuva), eventualmente até moral (sua companhia comentar: "Você só não esquece a cabeça porque está grudada"). No meu caso, quando retornei no dia seguinte o guarda-chuva tinha sido levado por alguém.

3) Quanto custou?

Resposta: Vinte reais.

4) Quais eram minhas sensações ou emoções no momento do esquecimento?

Resposta: Na hora, estava empolgado com a conversa em uma reunião de negócios e também preocupado por uma razão pessoal.

5) O que aconteceria se o esquecimento pudesse ter sido evitado?

Resposta: Não esquecer o guarda-chuva evitaria aborrecimento e perda de tempo – como no caso daquele empresário que deixou o passaporte no hotel, ele teria embarcado no voo para o Brasil e economizado o dinheiro da multa por remarcar a passagem.

6) Como o esquecimento poderia ter sido evitado?

Resposta: "O que eu posso fazer para me lembrar do guarda-chuva?". Como já vimos anteriormente, essa pergunta provoca e estimula a pessoa a desenvolver uma estratégia para impedir o esquecimento. Hoje em dia, nos meus cursos, dou exemplos como pegar um guardanapo de papel e colocar na carteira com o cartão de crédito. Esse guardanapo servirá de gatilho de memória. Quando for pagar a conta, ao vê-lo você se lembrará do guarda-chuva na porta. Outra ideia seria enrolar a capinha do guarda-chuva na chave do carro. Esses artifícios não prejudicam a memória. Ao contrário, com eles criamos um sistema para se lembrar do que é necessário.

Como você viu, esse esquecimento não merece de forma nenhuma o autodiagnóstico e sentença: "Estou ficando esquecido". É uma situação que poderia facilmente ter sido evitada.

Plano de treinamento do seu cérebro

Agora vamos aplicar o método das perguntas pensando em outra situação, uma data que foi esquecida:

1) O que foi esquecido?

Resposta: Você não se lembrou do aniversário de casamento.

2) Que prejuízo causou?

Resposta: Seu cônjuge ficou chateado, magoado, decepcionado.

3) Qual o custo financeiro?

Resposta: Talvez um buquê de rosas não seja mais suficiente para aliviar o mal-estar, será preciso oferecer algo mais substancioso, provavelmente uma joia.

4) Como estava seu estado emocional no momento do esquecimento?

Resposta: Acordou na correria, atrasado para ir ao trabalho e, na afobação, esqueceu.

5) O que aconteceria se o esquecimento pudesse ter sido evitado?

Resposta: Teria evitado chateação, mal-estar. O cônjuge ficaria feliz, sentindo-se reconhecido e valorizado.

6) Como o esquecimento poderia ter sido evitado?

Resposta: O melhor momento para se lembrar de datas comemorativas é no início do dia – e não às 11 horas da noite. No entanto, para que isso ocorra seria interessante alguém perguntar para você qual é a lembrança importante daquele dia. E quem faria isso por você? A memória, claro! O que você precisa é de um gatilho para acioná-la. Veja esta dica:

Coloque um calendário bem pequeno (aqueles de porta de geladeira) no espelho do banheiro em um lugar que não tenha como não ver. O banheiro é o primeiro lugar aonde vamos ao acordar, não é verdade? Todo mundo vai lá para fazer sua higiene matinal, antes de sair. Essa olhada matinal no calendário trará consciência, não apenas do aniversário, mas de outras datas como da consulta ou da reunião, bem como de tarefas importantes a ser realizadas naquele dia.

Eu me adaptei tão bem a esse hábito de tomar consciência da data que não uso agenda. Ao escovar os dentes vejo a data e me planejo, o que gera muitos benefícios ao longo do dia.

O método das perguntas é simples, traz resultados incríveis e a percepção de que os esquecimentos podem ser evitados.

Você pode usá-lo para diversos fins: lembrar-se da chave, de dar um recado, de passar na padaria ou realizar tarefas importantes na área profissional.

Entenda: se a lembrança do compromisso existe em sua memória, o papel da pergunta é dar o *start*. Ela faz o cérebro sair do modo *stand-by* e trabalhar para buscar uma solução. Portanto, você transforma o processo de memorização em algo ativo e com isso diminui consideravelmente as chances de esquecer.

A memória dos sonhos: será possível turbinar a memória?

Neste livro você descobriu que o que caracteriza uma boa memória não é a capacidade de armazenamento, pois ela é ilimitada. Os campeonatos de memória são disputados por pessoas que têm a velocidade de memorização e recordação como diferenciais. Com disciplina e um bom treinamento você consegue fazer coisas incríveis com a memória. E o que nos proporciona uma memória à prova de falhas é um conjunto de funções, como atenção, capacidade de

Plano de treinamento do seu cérebro

retenção, facilidade de recordação e velocidade. A boa notícia é que você consegue ter a memória dos sonhos de qualquer profissional ou estudante sem ter de tomar medicamentos.

Talvez você tivesse a expectativa de encontrar um remédio fantástico que tornasse sua memória mais eficiente e acessível. As atuais "pílulas da inteligência", utilizadas por candidatos a concursos e universitários às vésperas das provas para turbinar o cérebro, nem sempre cumprem o que prometem.

Um estudo feito por Silmara Batistela, do Departamento de Psicobiologia da Unifesp, com 36 jovens saudáveis, de 18 a 30 anos, não encontrou diferença de rendimento entre quem tomou e quem não tomou o remédio. Segundo a autora, jovens com funcionamento cognitivo saudável não teriam benefício, apenas aqueles que sofrem de transtorno do déficit de atenção e hiperatividade (TDAH) teriam melhoras na atenção, capacidade de planejamento e, consequentemente, na memória.

Talvez seja melhor desistir de esperar essa solução mágica. Nenhum remédio o ajudará a se lembrar da tabuada que aprendeu no colégio ou de retornar o telefonema ao cliente às 9 horas da manhã, pois tais questões estão relacionadas à qualidade de aprendizado e à capacidade de planejamento, respectivamente.

Outra promessa para aperfeiçoar as funções cognitivas é a música binaural: ela se compõe de duas ondas sonoras de frequências distintas, apresentadas separadamente cada uma a um ouvido. O cérebro responde criando um terceiro tom. Essa reação aliviaria o estresse, traria clareza mental e facilitaria a aprendizagem.

Apesar de os sons binaurais serem comparados a drogas virtuais ou e-drogas, faltam estudos que comprovem sua capacidade de alterar o cérebro. Alguns pesquisadores como Steve Novella, professor de neurologia na Universidade de Yale (EUA), são taxativos ao declarar que os sons binaurais não têm efeito algum.

Há tempos se reconhece que padrões sonoros afetam o cérebro e suscitam emoções. O que chama a atenção de cientistas é que a memória musical pode ser preservada em pessoas com a doença de Alzheimer em fase avançada. No entanto, ainda não se encontrou a explicação para isso.

Minha experiência me faz crer que a memória depende mais de comportamento do que de técnica. Mais de motivação do que de um remédio específico. E que é possível, sim, desfrutar de longevidade com lucidez. A melhor forma de mostrar isso é com a força de suas memórias.

Se você deseja dar à memória condições de funcionar a pleno vapor, precisa atuar em três planos diferentes: físico, emocional e cognitivo. A memória dos sonhos habita no aprimoramento desses planos em conjunto. Os resultados podem ser limitados se focar apenas um deles. Veja o que você pode fazer para aprimorar cada um deles e para onde vale a pena direcionar seus esforços.

___ Primeiro plano a cuidar: o físico

Se o cérebro fosse um carro, ele teria um motor de dez cilindros. O cérebro humano é uma usina de força que consome 20% de toda a energia disponível no organismo. Para executar todas as suas funções (aí incluídos a concentração, o raciocínio e a memória), ele precisa ser muito bem oxigenado e nutrido. Não dá para trabalhar bem se o corpo está doente, fragilizado, mal alimentado, sem energia e resistência.

A primeira medida para proteger o cérebro e todas as funções sob sua responsabilidade é manter um estilo de vida saudável. Talvez aqui você pense:

"Lá vem de novo essa conversa de vida saudável. Isso todo mundo sabe."

Plano de treinamento do seu cérebro

Existe uma diferença enorme entre saber e fazer o que precisa ser feito. A maioria das pessoas sofre por falta de disciplina. Tem algo aqui que você precisa pensar: todo sacrifício na busca de qualidade de vida será recompensado por seu organismo. Lembre-se de que estamos falando aqui da função mais nobre que compõe o seu organismo. A sua memória é a peça fundamental em sua vida.

Lembre-se: o estudo coordenado pela professora Carol Brayne, da Universidade de Cambridge, na Grã-Bretanha, confirmou que bons hábitos podem proteger os neurônios contra doenças degenerativas. Atenção: segundo os cientistas, um terço dos casos de Alzheimer é decorrente de fatores modificáveis do estilo de vida, portanto um a cada três casos da enfermidade poderia ser prevenido pela correção de hábitos. O artigo foi publicado na revista *Lancet Neurology* em agosto de 2014.

Não custa destacar: ao cuidar da saúde de um familiar idoso, você também está protegendo sua memória.

Confira a seguir as ações que você deve adotar para defender o cérebro no plano físico e melhorar sua atenção e capacidade de memorização e recordação.

Consuma alimentos que melhoram o processo de memorização

Um cardápio rico em frutas, vegetais, legumes, cereais e grãos integrais, peixe, frango e laticínios desnatados preserva a cognição, enquanto a típica dieta ocidental, rica em carne vermelha, gordura saturada (encontrada em carnes gordas, pele de frango, nata do leite e manteiga), comida processada e açúcar, favorece o declínio cognitivo. A alta aderência à alimentação saudável pode diminuir os efeitos adversos produzidos pela dieta ocidental típica. Esta foi a conclusão de um estudo publicado em fevereiro de 2016 na revista *Alzheimer's & Dementia*.

O trabalho, liderado por Behnaz Shakersain, do Centro de Pesquisa do Envelhecimento do famoso Instituto Karolinska, na Suécia, avaliou 2.223 pessoas com a idade média de 70,6 anos, que participaram de um estudo nacional sueco sobre envelhecimento (SNACKK): elas responderam a um questionário alimentar com 98 itens entre alimentos e bebidas e foram acompanhadas durante seis anos.

Pesquisas anteriores haviam mostrado benefícios ao cérebro com a adoção da dieta mediterrânea e da dieta *Dietary Approaches to Stop Hypertension* (DASH).

A dieta mediterrânea prevê o consumo elevado de verduras, legumes, frutas e grãos, de preferência frescos e sazonais, obtidos de produtores locais; a ingestão de leite, carne, frango e peixe em quantidades de baixas a moderadas e o uso de azeite de oliva como principal fonte de gordura.

A dieta DASH se destina a auxiliar no controle da pressão arterial. Estimula o consumo de frutas, hortaliças e grãos integrais, como aveia e linhaça, laticínios magros, peixes, óleos vegetais e oleaginosas e restringe a ingestão de sódio, açúcar e de gorduras encontrados principalmente em carnes vermelhas, frituras e alimentos industrializados.

A epidemiologista nutricional norte-americana Martha Morris resolveu combinar as duas dietas (mediterrânea + DASH), dando origem a uma nova dieta batizada de *Mediterranean-DASH Intervention for Neurodegenerative Delay*, que forma o acrônimo *MIND* (mente, em inglês). Ela destaca 15 componentes: dez grupos de alimentos associados à saúde do cérebro e cinco grupos de alimentos prejudiciais.

Conheça os dez aliados do cérebro:

■ vegetais de folhas verdes, como espinafre, couve, brócolis e rúcula;

Plano de treinamento do seu cérebro

- outros vegetais, como cenoura, beterraba, rabanete, repolho e pepino;
- nozes, como castanha-do-pará, amêndoa e avelã;
- frutas vermelhas, como amora, framboesa, mirtilo, *cranberry* e morango;
- leguminosas, como feijão, lentilha, grão-de-bico, ervilha e soja;
- cereais integrais, como arroz integral, amaranto e quinua;
- peixe, como sardinha, linguado, arenque, bacalhau e salmão;
- frango;
- azeite de oliva, para temperar a salada e preparar a comida;
- vinho, uma taça por dia.

Os cinco grupos de alimentos não saudáveis, que devem restringidos, são:

- carne vermelha;
- manteiga e margarina;
- queijo;
- bolos e doces;
- frituras e *fast-food*.

No estudo realizado por Martha Morris e colegas da Universidade Rush, a nova dieta abaixou o risco de desenvolver Alzheimer em 53% nas pessoas que aderiram a ela rigorosamente e em 35% naquelas que a seguiram moderadamente. A equipe acompanhou 923 participantes do Projeto Memória e Envelhecimento de Rush, que teve início em 1997 com idosos residentes em Chicago e as conclusões foram publicadas on-line na edição de março de 2016 da *Alzheimer's & Dementia*.

A dieta *MIND* prevê pelo menos três porções de cereais integrais, uma salada e outro vegetal todo dia, além de uma taça de vinho. Recomenda lanches à base de nozes; o consumo de feijões ao menos três vezes na semana; frango e frutas vermelhas pelo menos duas vezes por semana e peixe uma vez por semana, no mínimo. Também orienta a redução no consumo de alimentos não saudáveis, especialmente manteiga (menos de uma colher de sopa por dia), queijo, fritura e *fast-food* (menos de uma porção semanal de cada um dos três). São mudanças simples que todos nós podemos fazer pelo bem do nosso cérebro.

Pratique exercícios físicos regularmente

Se existe uma atividade da qual sou entusiasta e gosto de contagiar o máximo de pessoas é para a prática de atividade física. E não é para menos: crescem as evidências de que a prática adequada de atividade física faz bem para o cérebro, não só para os músculos e o coração.

Uma equipe da Escola de Medicina da Universidade de Boston, nos Estados Unidos, coordenada pela médica Nicole Spartano, localizou uma correlação entre sedentarismo e encolhimento do cérebro (associado à perda cognitiva e à demência): foram avaliadas 1.600 pessoas que fizeram testes físicos na década de 1970, quando tinham entre 30 e 40 anos. Vinte anos depois, os participantes foram submetidos à ressonância magnética. Atenção: os que eram menos ativos nos anos 1970 apresentavam cérebro menor.

O treino regular beneficia a todos, mas em especial quem tem maior propensão genética para a doença de Alzheimer (por apresentar o gene conhecido como APOE e4, que aumenta o risco de sofrer perdas cognitivas e demência após os 60 anos), conforme dois trabalhos, um publicado na *Alzheimer's & Dementia* em 2012 e o outro na *Neuroimage* em 2011. Mesmo com essa predisposição, os voluntários que se exercitaram regularmente manifestaram maior atividade cerebral durante testes de memória em comparação aos sedentários e até quem tinha baixo risco genético.

O exercício aeróbico (natação, hidroginástica, bicicleta, corrida ou caminhada) é especialmente benéfico para a saúde do cérebro e ainda melhor quando combinado com treinamento de força (musculação, exercícios com pesos).

Exercitar-se por períodos de 30 minutos, pelo menos, parece melhor para o cérebro do que sessões mais curtas. E nunca é tarde para começar. Pessoas acima de 65 anos tiveram ainda mais benefícios do que a faixa anterior, entre 55 e 65 anos.

Se você ou a pessoa que estiver sob seus cuidados tiver condições, procure um *personal trainer* para estabelecer uma rotina de exercícios adaptada à sua condição física. Na impossibilidade, comece incorporando caminhadas à sua rotina: ir a pé ao supermercado em vez de dirigir; usar escadas em vez de elevador; se dirigir, parar um pouco mais longe do ponto final, para andar pelo menos parte do percurso; caminhar por lugares agradáveis no fim de semana.

Durma bem, o sono é o motor da vida

Uma noite bem dormida é essencial para a memória e maximiza a habilidade de resolver problemas. Portanto, se você não estiver dormindo bem, é importante investigar as causas e tomar providências para modificá-las. Faça isso com urgência!

O número de horas de descanso pode variar: enquanto alguns precisam de pelo menos oito horas de sono, outros podem ficar bem com seis horas. O parâmetro a observar é a disposição no dia seguinte. Caso sinta sonolência ou tenha energia para dar conta de suas atividades, sem ter de recorrer continuamente a estimulantes como café?

A insônia pode ter explicações físicas, como problemas respiratórios, digestivos e hormonais. No entanto, a maioria dos casos resulta de hábitos inadequados, como horários desregrados, abuso de café e exposição à luminosidade excessiva ou ruídos demais.

Essas sugestões podem melhorar a qualidade do seu descanso:

- Analise se o seu colchão é confortável ou se está na hora de ser substituído.
- Reduza a luminosidade do quarto. Apague todas as luzes, inclusive telas de *tablets* e celular.
- Elimine distrações. Desligue a TV e o alarme de mensagem do celular. Se morar em local muito ruidoso, verifique a possibilidade de colocar isolantes acústicos nas janelas ou usar protetores de ouvido para diminuir o ruído.
- Evite o álcool antes de deitar. Apesar do conhecido efeito relaxante, pode prejudicar a qualidade do sono.
- Limite o consumo de cafeína. Não tome café, chá preto ou bebidas à base de cola a partir das 18 horas.
- Técnicas de respiração (como observar por alguns minutos o ar entrar e sair dos pulmões) e práticas simples de meditação antes de dormir ajudam a relaxar e conciliar o sono. Também podem ser úteis banho morno, leitura calmante e música suave.
- Procure ter horários regulares para se deitar e despertar. Isso colabora para organizar e respeitar os ritmos do corpo.
- A prática regular de exercícios físicos pode melhorar o sono, segundo várias pesquisas. Duas delas, realizadas na Northwestern University (em Chicago, EUA), acompanharam pessoas de meia-idade, sedentárias e com queixas de insônia. Depois de treinarem regularmente por, no mí-

nimo, 16 semanas, elas passaram a dormir melhor. Evite, porém, a malhação intensa perto da hora de se deitar. Essa atividade tende a aumentar a temperatura corporal e interferir na qualidade do sono.

■ A sesta, tão comum no passado, está sendo reabilitada. O cochilo de até 15 minutos após o almoço beneficia a memória e ajuda a recuperar o alerta mental.

Fique de olho na balança: faça o controle do peso

A obesidade é fator de risco para Alzheimer. As chances de ter a doença são 35% maiores nas pessoas obesas. Uma revisão de estudos publicada em 2016 na revista científica *Age & Aging*, da Sociedade Britânica de Geriatria, confirmou que o excesso de peso na meia-idade aumenta o risco de desenvolver demência em idade avançada. Depois de avaliar 1.612 resumos, concluiu-se que ser obeso antes dos 65 anos tem associação com maior risco de demência.

A perda de peso exerce efeito contrário: melhora as funções cognitivas e reduz o perigo de ter demência. Em sua tese de doutorado, o cientista Emerson Leonildo Marques, do Hospital das Clínicas da Universidade de São Paulo examinou as funções cerebrais de 17 mulheres com obesidade mórbida antes da cirurgia de redução do estômago e 24 semanas depois da intervenção, usando testes neuropsicológicos e tomografias com emissão de pósitrons.

O autor comentar que a obesidade pode forçar o cérebro a trabalhar mais do que o normal para obter o mesmo grau de cognição. No entanto, após a cirurgia, a atividade cerebral das pacientes passou a ser idêntica à de uma pessoa que nunca foi obesa antes.

O trabalho foi publicado em novembro de 2014 na revista *The Journal of Clinical Endocrinology & Metabolism*. Segundo a coautora

Cintia Cercato, orientadora da tese, esse foi o primeiro estudo a avaliar a atividade cerebral em mulheres antes e depois de uma cirurgia bariátrica. "Obesos têm resistência à produção de hormônios como a leptina e a insulina, importantes para a proteção dos neurônios", afirma Cintia Cercato em entrevista ao repórter Fábio de Castro, do jornal O *Estado de S. Paulo*.

Faça *check-ups* periódicos

Não resta mais dúvida de que o que é bom para o coração é bom para o cérebro. Portanto, ao pesquisar e controlar os fatores de risco para infartos, você também está trabalhando para preservar as funções cerebrais.

Por isso, é importante controlar o peso. E parar de fumar. Se não conseguir por iniciativa própria, procure orientação médica. Remédios, adesivos de nicotina e terapia comportamental podem ajudá-lo a superar o vício.

Vamos aos exames:

- Colesterol: o total deve ser menor do que 200 mg/dL; LDL (a fração nociva) deve estar abaixo de 100 e o HDL (bom colesterol) maior que 40 nos homens e 50 nas mulheres.
- Triglicérides: outra gordura do sangue, deve ser menor do que 150 mg/dL.
- Glicemia de jejum (dosagem de açúcar no sangue): abaixo de 100 mg/dL.
- Pressão arterial: deve ser igual ou menor que 12 por 8.

Doenças da tireoide também podem afetar o rendimento, a concentração e a memória, em especial o hipotireoidismo, quando a glândula produz menos hormônio do que o necessário. Dosagens sanguíneas dos hormônios produzidos por essa glândula devem se tornar rotina a partir dos 35 anos, ou antes, se houver indicação médica.

____ Segundo plano a cuidar: o emocional

Para o psiquiatra e escritor Augusto Cury, proteger as emoções cria um estilo de vida saudável. Como somos seres gregários, o bem-estar emocional depende de um bom convívio social. Idosos que vivem reclusos são mais vulneráveis a perdas cognitivas. Daí a importância de evitar o próprio isolamento e impedir que nossos idosos se isolem.

Procure colocar em prática essas medidas a seguir descritas.

Mantenha-se socialmente ativo

Dedicar-se a uma atividade profissional agradável, voltar para o mercado de trabalho após a aposentadoria, participar de congressos na sua área de conhecimento, realizar trabalho voluntário, atuar em associações beneficentes, frequentar cultos religiosos, ter atividades de lazer, como ir ao cinema, teatro, jogar cartas, assistir a palestras, ir a bailes ou viajar. Tudo isso auxilia na preservação das funções cerebrais.

Se houver dificuldade de locomoção, o contato com os amigos pode ser pelas redes sociais. Basta uma câmera para conversar on--line com amigos do colégio, da faculdade, do trabalho, utilizando um dos vários aplicativos disponíveis.

Desperte a saudade

"O tempo da memória é o passado..."

Não existe melhor combustível para a memória do que voltar no tempo. Reencontrar amigos e parentes pelas redes sociais, convidá-los para irem a sua casa, fazer-lhes uma visita.

Esses reencontros trazem de volta lembranças de fatos e pessoas, situações engraçadas. O que mais se faz nessas ocasiões é dar risada. Além de ativar o sistema imunológico, o riso libera neurotransmissores, como as endorfinas que trazem a sensação de bem-estar, diminuem a pressão arterial, despertam a criatividade e melhoram a capacidade de solucionar problemas. Um dos pioneiros no estudo do tema, o psiquiatra William Fry, da Universidade de Stanford (EUA), compara a boa risada a um exercício vigoroso.

Claro, a experiência será positiva se as lembranças forem associadas a momentos bons. Portanto, caso sinta muita saudade de alguém, pegue o carro, um ônibus e vá ao encontro dessa pessoa. É uma forma certeira de estimular o cérebro.

Você também pode proporcionar a um pai idoso essa oportunidade. Que tal levá-lo até a cidade onde passou a infância para rever velhos conhecidos? Tenho quatro primas que moram na cidade de Garça, interior de São Paulo. São irmãs e conseguiram um feito memorável: reuniram-se para visitar uma fazenda onde viveram na infância. Elas fizeram uma foto incrível em frente à capelinha da fazenda, idêntica à outra foto que haviam tirado 35 anos antes.

Transforme lembranças negativas

Como aprendemos até aqui, a memória atua como um importante mecanismo de defesa ao guardar experiências que provocam dor e como um sistema de identificação de oportunidades, que nos faz repetir experiências que nos fazem bem. Ela pode guardar, dessa forma, eventos bons e eventos traumáticos, que despertam sentimentos negativos.

Infelizmente não é possível apagar as lembranças indesejadas, mesmo porque elas podem nos ser úteis ou proteger pessoas que amamos. O que você pode fazer com tais lembranças é ressignificá-las.

Nesse caso, um bom começo é perguntar a si mesmo:

- Que lembrança está me trazendo o sentimento de tristeza?
- O que aprendi com aquele fato?
- O que a dor me ensinou?

Talvez a sua mente esteja bloqueada por uma mágoa, um mal que alguém provocou há muitos anos. Talvez você esteja alimentando essa mágoa como quem alimenta uma fera que cresce cada dia mais. Esse tipo de lembrança pode gerar sentimentos que fazem mal a você. Nesse caso, se não estiver conseguindo lidar com isso sozinho, converse com alguém que o ajude a ver o lado positivo dos acontecimentos. E escreva a respeito. Tudo isso contribui para superar a dor, trazendo crescimento pessoal. Mesmo as memórias negativas podem trazer lições de vida.

Encontre um sentido na vida

A motivação é um eficiente motor da memória. Idosos que se colocam à disposição da sociedade para transferir conhecimento envelhecem melhor. Ensinar é muito útil para manter o cérebro jovem.

Um exemplo admirável é o da norte-americana Agnes Zhelesnik, considerada a professora mais velha em atividade nos Estados Unidos. Em 2016, ela completou 102 anos. Agnes dá aula de culinária e costura em período integral para crianças da Sundance School, uma pré-escola de Nova Jersey, desde os 80 anos. Em entrevista à revista *People,* em 12 de fevereiro de 2016, ela disse que não tem pretensão de parar e revelou o segredo de sua longevidade: "Você precisa ser feliz com o que faz. O melhor de dar aula aqui é cuidar das crianças".

Cuidar dos netos também pode ter efeito positivo sobre a memória, constataram pesquisadores da Universidade de Melbourne, na Austrália, liderados por Katherine F. Burn. Avós que ficavam com os netos um dia por semana tiveram melhor desempenho nas provas. No teste de memória, lembravam-se de 69% das palavras, 6% a mais do que os que não ficavam com netos. O estudo, divulgado em 2004, teve dez anos de duração e acompanhou 131 avós que tinham entre 57 e 68 anos e passaram por avaliações de memória, capacidade de planejamento e velocidade de raciocínio, áreas precocemente afetadas pela doença de Alzheimer.

Mas, atenção, o cuidado diário pode ter efeito oposto. Avós que cuidavam de netos cinco dias por semana lembravam-se apenas de 55% das palavras e tinham velocidade de raciocínio 21% mais lenta. Sinal de que estavam estressados e sobrecarregados pela responsabilidade.

O mais importante é saber que ter um forte propósito na vida ajuda a preservar a saúde do cérebro e envelhecer melhor. Esse propósito difere de uma pessoa para outra, por isso é importante localizar o que o motiva e se engajar em atividades gratificantes.

Para motivar idosos de nosso convívio, recomendo a técnica do elogio, que também funciona com crianças e adultos. É simples: basta elogiar quando a pessoa reconhece alguém numa foto ou se lembra de algo interessante. A tendência é só criticar a memória. Ao fazer o contrário, altera-se a química cerebral, melhorando o estado mental.

Terceiro plano a cuidar: o cognitivo

Para fortalecer a memória devemos nos envolver em atividades que despertem essa função cognitiva. Se pensarmos na memória como uma sopa de letrinhas, quanto mais mexermos nela, mais as letras ficarão soltas e visíveis na superfície e mais facilmente virão a compor lembranças.

Quanto mais utilizamos o conhecimento adquirido, mais rápido será o processo. Quanto menos consultarmos esses "arquivos", mais a memória ficará encerrada em si.

Atividades desafiantes para o cérebro, como aprender novas línguas, tocar um instrumento, dominar novas formas de expressão artística, estimulam as habilidades cognitivas e mobilizam as lembranças. Já pensou, por exemplo, em participar de um grupo de dança ou de teatro para a terceira idade em uma unidade do Sesc ou de outra instituição, caso a sua cidade não tenha unidade do Sesc?

Existem, ainda, outras tarefas simples que podem ser até mais eficazes por avivarem especificamente a memória. Vale a pena colocá-las em prática.

Faça palavras cruzadas

Esse é um poderoso exercício para a memória porque nos faz lembrar, de modo completamente aleatório, de informações que não acessávamos há muito tempo. Por exemplo: qual era o nome daquele pássaro amarelo que aparecia em um desenho animado e dizia: "Eu acho que vi um gatinho". Acertou se respondeu Piu-Piu.

Recomendo as palavras cruzadas mais fáceis, para ter certeza de que o conhecimento existe na sua memória e por isso será ativado de modo rápido. Adotando uma muito complexa, talvez nunca tenha se deparado com aquela palavra antes. Então, por mais que se esforce, nada virá, além da frustração, e ainda terá de olhar a resposta no final. Perde-se o objetivo do exercício, que é reavivar as lembranças.

Para potencializar esse entretenimento, tenha o cuidado de pensar por alguns segundos sobre a informação lembrada em vez de apenas preencher os quadrinhos. Visualizar o local, lembrar-se das vezes que utilizou aquele alimento, pensar em outras formas de combinar aquela palavra... No exemplo do desenho animado, você poderia se lembrar dos demais personagens, da música tema, do que acontecia em sua vida na época em que assistia àquele programa na TV.

Leia diariamente

Gosto de dizer para quem me pede indicação de leitura que livro é igual perfume. Você precisa experimentar para saber se gosta. Muitas pessoas não adquiriram o hábito da leitura porque talvez não tenham sido apresentadas a textos de seu interesse ou a autores que chamassem sua atenção.

Leitura é um poderoso ativador da memória. Leia bons livros, revistas, jornais, textos bíblicos. Além de abastecer a memória com novos conhecimentos, a leitura amplia seu vocabulário e agiliza o seu raciocínio. Ler produz uma sequência de reações químicas no cérebro que favorecem novas conexões entre os neurônios.

Minha sugestão é que você reserve um horário para isso, se possível na parte da manhã, quando a mente está descansada e receptiva, e leia um capítulo ou 20 páginas por dia. Se obedecer a essa rotina, você terá lido em torno de 50 livros por ano, muito acima da média nacional. A última edição da pesquisa *Retratos da Leitura no Brasil* mostrou que os brasileiros leram, em média, 4,96 livros em 2015.

Escreva sobre assuntos do seu interesse

Não existe atividade mais intensa para a memória do que escrever. Quantos escritores, poetas e autores atingem os 70, 80, 90 anos plenamente lúcidos! A dona de casa também pode chegar lá por meio de exercícios.

Para produzir um bom texto com cerca de 50 palavras ou apenas 140 caracteres, como determina o Twitter, a mente é tomada por um turbilhão de ideias. Você terá de comparar, associar, selecionar, cortar e acrescentar. Tudo isso colabora para manter o cérebro ativo e a memória viva.

Se tiver o desejo de se enveredar pela literatura, escrevendo ficção ou poesia, fique à vontade.

Não, não se preocupe... você não precisa ser um escritor profissional para produzir um texto. A transformação da memória está

Plano de treinamento do seu cérebro

no simples ato de estimular o cérebro a escrever um texto. Você pode fazer textos curtos sobre temas atuais e postar nas redes sociais. Ou registrar memórias da infância ou adolescência num *blog*. Ou ainda criar um *site* voltado à orientação de pessoas em sua área profissional. Se fizer um bom trabalho, talvez consiga patrocinadores e encontre uma fonte de renda.

Nós nunca produzimos tanto conhecimento, e escrever é uma forma de você perpetuar-se. Deixe um livro para os seus bisnetos saberem como era o mundo em particular em que seu bisavô vivia. O que acha? Hoje existem profissionais e gráficas especializados em edição de livros e impressão de pequenas tiragens e ainda há os *e-pubs*. Além de beneficiar seus descendentes no futuro, você estimulará a sua lucidez e a memória no presente.

Veja fotos antigas

Sabe aquela caixa cheia de fotos antigas? Que tal organizar todas elas num álbum e aproveitar aquele momento para estimular a memória?

Abrir a caixa de recordações e organizar as fotos da família é uma ótima forma de ativar a memória e manter o cérebro jovem. Olhar para a imagem. Tentar se lembrar de como era sua vida naquela fase.

Uma foto de você aos 15 anos pode reconstruir sua memória.

Pense nas pessoas de sua convivência. Escreva atrás da foto os nomes das pessoas que aparecem ali. De repente você abrirá um arquivo e as lembranças saltarão como os detalhes do local onde vivia, estudava ou trabalhava. Pense nas tarefas diárias que você realizava em sua profissão, objetos, veículos, colegas de trabalho.

É também interessante mostrar velhas fotos para o idoso e perguntar: "Quem é esse aqui?". É provável que ele se lembre. Caso isso aconteça, peça sutilmente o máximo de detalhes e no final capriche nos elogios.

Se der branco, não force a barra. Seja sutil para não constrangê-lo nem reforçar qualquer aspecto negativo da memória. Simplesmente apresente outra foto.

Faça o caminho de volta: produza *flashbacks*

Esse exercício é ótimo para trabalhar a memória de curto prazo.

Sempre que puder, encontre no final do dia um momento para fazer um *flashback*. Como o apresentador de um telejornal, recorde tudo o que fez, narre mentalmente as experiências, relembre os nomes das pessoas com quem esteve e pense nos detalhes das tarefas.

Tenho o hábito de fazer isso com meu filho. Terminado um passeio, começamos a reviver tudo o que aconteceu desde o momento em que entramos no carro. O que ele viu, o que sentiu e aprendeu. Desse modo, estimulo a memória dele e a minha.

A mesma técnica pode ser aplicada com idosos ou pessoas mais jovens que se queixam da memória. Essa revisão ajuda a fixar as lembranças.

Imagine que você passou o dia inteiro em um ciclo de palestras. O que garante que depois de uma noite de sono se lembrará de alguma coisa são três fatores:

- Primeiro: é necessário prestar atenção na fala dos apresentadores.
- Segundo: ao término de cada palestra é importante revisar o que aprendeu.
- Terceiro: no fim do dia, faça um *flashback* relembrando todo o conteúdo.

Se tiver dificuldade de relembrar algum detalhe, revise o material didático. Tente também lembrar os nomes de cada pessoa que encontrou durante o evento. Se não guardar nomes de lugares, repita o nome de cada local em que esteve. Se o problema estiver nos fatos, rememore cada evento ocorrido.

Outro benefício é que essa troca de impressões reforça a comunicação em família, o que está se perdendo nesse tempo em que as pessoas às vezes "falam" mais com quem está longe por meio de celulares do que com quem mora na mesma casa ou divide a mesa no jantar.

Use a tecnologia com inteligência

As redes sociais podem ser uma ferramenta válida para ativar a memória se utilizadas com sabedoria. Cientistas da Universidade de Exeter, no Reino Unido, observaram que pessoas idosas que aprenderam a navegar na internet e a usar as mídias sociais melhoram a capacidade cognitiva e envelheceram de modo mais ativo. Batizada de *Ages 2.0*, a pesquisa acompanhou 76 pessoas com idades entre 60 e 95 anos, durante dois anos. As conclusões foram divulgadas no site da Universidade de Exeter em dezembro de 2014.

Contudo, é preciso cuidado com os excessos. Por exemplo, com essa mania de fazer *selfies*, muitas vezes falta contemplação. As pessoas querem tirar a melhor fotografia, gravar vídeos. Tudo bem. Mas sequer absorvem o lugar. Como recordar depois se não houve sequer registro na memória?

Um lugar tem sons, cheiros, sabores e imagens que precisam ser registrados com os sentidos. Gravar apenas nas memórias artificiais impede de extrair o prazer da experiência. Qualquer pessoa pode ver fotos no celular. Mas só quem esteve lá pode viver a experiência integralmente.

Em 2015 estive em Machu Picchu, no Peru. Evidentemente, levei uma máquina fotográfica de boa qualidade, tirei ótimas fotos, mas sabe qual foi o momento inesquecível? Quando tirei a mochila das costas, subi numa rocha e fiquei por mais de uma hora ali, parado, sentindo, ouvindo, contemplando aquele lugar incrível. Quando estou conversando com os amigos sobre essa aventura eles ficam admirados com a narrativa dos detalhes das minhas lembranças. Por isso devemos ter as memórias artificiais, sim, mas devemos confiar mesmo em nossa memória natural.

Não vejo problemas em anotar aquilo que você deseja não esquecer, mas sou a favor de memorizar tudo primeiro, ou seja, estimule também a sua memória natural, porque as artificiais falham. Imagine se em Machu Picchu eu ficasse preocupado em só tirar fotos e no retorno da viagem tivesse minha câmera furtada? Como ficariam minhas lembranças? Vou descrever aos amigos que o lugar era "legal"?

Use técnicas de memorização

Os métodos mnemônicos ou técnicas de memorização foram a solução encontrada numa época em que não existiam meios de anotar. Feche seus olhos. Tente imaginar um tempo em que as pessoas não tinham a facilidade da caneta esferográfica e um bloco de rascunho nas mãos. Quando elas precisavam expor uma ideia provavelmente desenhavam no chão com um pedaço de graveto. Quem aprendia não tinha onde anotar, por isso o grau de atenção devia ser acima da média, porque sabiam que se não transferissem o conhecimento para a memória a primeira rajada de vento poderia apagar tudo.

Aprendi a desenvolver muito a minha memória estudando as técnicas de memorização do passado. Descobri que elas nunca foram tão úteis como nos dias atuais, porque estamos aos poucos perdendo contato com nossa memória natural.

Plano de treinamento do seu cérebro

Mesmo vivendo em um mundo de alta tecnologia, é preciso desenvolver a nossa memória. Primeiro porque a tecnologia não é totalmente confiável. Segundo, porque o cérebro humano adora novos estímulos. Terceiro, porque quanto mais você usa sua memória, mais rápida ela fica. Por isso a memorização é cada vez mais útil e atual.

Vou ensinar alguns meios para você recordar nomes de pessoas, números e senhas e não se esquecer de tarefas ou objetos.

1) Para recordar nomes de pessoas

A primeira atitude é interessar-se pela pessoa. Focar nela. Olhe nos olhos e preste atenção no ser humano que está diante de você.

- Ouça o nome com atenção. Se não entendê-lo, pergunte novamente.

- Se conhecer alguém com o mesmo nome, mencione o fato destacando uma qualidade da pessoa que você conhece. Por exemplo: "Tenho uma amiga chamada Cristiane, é uma excelente psicóloga". Isso gera empatia.

- Caso seja um nome diferente, exótico, reúna mais informações. Pergunte sua origem. Conheci um rapaz em Salvador, Bahia, chamado Ilhesauro. Seu nome era produto da junção de Ilhéus com Lauro, respectivamente a cidade onde nasceu e o nome do seu avô.

- Você também pode fazer associações mentais para não esquecer o nome. Por exemplo: Mateus com chá-mate.

- Repita o nome da pessoa enquanto estiver com ela pelo menos seis vezes. "Seja bem-vindo, senhor Ilhesauro", "Aguarde um momento, Ilhesauro".

- No fim do dia revise mentalmente o nome das pessoas que conheceu, recordando-se dos assuntos que foram tratados e lembrando-se do rosto delas.

2) Para lembrar senhas e números

A associação é sua aliada para memorizar números como senhas de banco.

- Crie senhas com sequências de imagens de atividades rotineiras, como o horário de acordar e dormir. Por exemplo, você acorda às 6h30 e dorme às 22 horas. A combinação desses dois horários dá uma boa senha de seis dígitos para uma conta bancária: 630220. Depois é só se imaginar acordando e dormindo em suas idas aos caixas eletrônicos.

- Você também pode usar datas significativas de sua história para criar uma senha, desde que não seja óbvia como o dia do seu aniversário. Por exemplo: o dia em que você começou um namoro, 10 de setembro de 1995: 100995. A lembrança daquele momento marcante o ajudará a não se esquecer da senha.

- Números de manequim são outra boa solução. Por exemplo, minha camisa é 38, minha calça 40 e meus sapatos 41. Resultado: 384041. Essa combinação foi uma das minhas senhas preferidas pela facilidade em lembrar.

3) Para lembrar tarefas

Se forem incomuns, utilize gatilhos de memória, por exemplo, colocar a aliança de casamento no dedo da outra mão. Isso pode lembrá-lo de que você ficou de dar carona amanhã cedo ao seu vizinho. As chances de funcionar são grandes porque a hora em que estiver lavando o rosto você verá a aliança trocada e logo em seguida se lembrará da carona combinada.

- Tarefas rotineiras como molhar as plantas, colocar o cinto de segurança ou beber água podem ser facilmente esquecidas, uma vez que seu cérebro pode ter registrado a realização delas no passado e esse registro antigo prejudicar a ação atual: você acha que fez o que ainda não fez. Recorra a gatilhos de memória, por exemplo, colocar um pequeno vaso com uma planta em cima do seu filtro de água. Toda vez que for encher o copo para beber, acabará por lembrar de regar as plantas.

■ Para evitar a armadilha de cair na repetição do registro, você pode adotar um *checklist*, um mecanismo de controle externo. Se tivesse feito essa checagem não teria me esquecido de colocar os sapatos na mala quando fui dar aquela palestra em Votuporanga.

4) Para lembrar onde pôs objetos

Chaves, *pen drives*, celulares e óculos são facilmente esquecidos. Gatilhos de memória evitam a perda. Organize as chaves em um chaveiro único, que reúna a da porta de casa, do escritório e do carro. Chaves pequenas pedem chaveiros grandes em cores chamativas, por serem mais difíceis de perder. O *pen drive* pode ser colocado junto com uma chave que você usa muito ou em um chaveiro chamativo. O celular dificilmente é esquecido quando deixado junto com as chaves e a carteira. Outra saída é pendurá-lo no pescoço como se fosse um crachá. Enquanto não estiverem em uso, os óculos podem ficar na cabeça, no bolso da frente da camisa ou em cordões pendurados no pescoço.

Até aqui você viu que para desfrutar de uma memória saudável e segura é preciso aliar atitudes que proporcionam qualidade de vida com métodos e estratégias de memorização. Antes de tudo, porém, é ainda mais importante adquirir a consciência de que ter uma memória viva e ativa depende de você.

Agora chegou a hora de colocar em prática esse plano de treinamento.

6

EXISTE, SIM, BOA MEMÓRIA APÓS OS 40, 50, 60, 70, 80... ANOS

Existe, sim, boa memória após os 40, 50, 60, 70, 80... anos

É muito comum na juventude as pessoas tentarem imaginar como será o futuro ou o que farão quando romperem a barreira dos 70 anos. Como será o mundo, suas vidas, como estarão física e mentalmente na idade avançada.

Talvez essas dúvidas tenham passado por sua cabeça se você ainda não chegou aos 70 ou, se chegou, talvez tenha percebido que as coisas não aconteceram exatamente como imaginou ou planejou. É de fato difícil tentar adivinhar o futuro, mas é um exercício necessário, pois é a imaginação que nos ajuda a nos preparar.

Certo. Não estou dizendo que você deva gastar todo o momento presente pensando sobre como será o futuro. Existem coisas importantes para fazer e viver agora.

O que podemos constatar, ouvindo o relato dos nossos pais e avôs, é que a vida melhorou bastante para minha geração e, com os avanços na medicina, a tendência é de melhorar ainda mais para as próximas.

Você já parou para pensar sobre o que pretende fazer da sua vida quando chegar aos 70 anos?

Em geral, quem passou dos 70 anos vive o tempo de desfrutar a tranquilidade da aposentadoria, certo? Não para Margaret Leigh-Jones, uma simpática senhora que se tornou a mais velha DJ da Grã-Bretanha. Em 2013, aos 91 anos, ela passou a apresentar um programa de músicas antigas, de duas horas de duração, às quartas e aos domingos, numa rádio local de Hampshire, no sul do país.

Depois de se aposentar como enfermeira, arrumou emprego de telefonista da rádio: ouvia as desilusões amorosas e histórias de guerras contadas pelos ouvintes com tanta empatia que acabou conquistando amigos e um público fiel. Porém, os maiores fãs da DJ são os seus 14 netos e 19 bisnetos, além do marido Royston, um professor de Matemática aposentado. Sem planos de pendurar as chuteiras, ela contou ao jornal *Daily Mail* que esse trabalho "traz muita energia e a ajuda a se manter jovem".

O *playlist* de Margaret inclui apenas músicas lançadas até 1959, em especial as de seus artistas favoritos, como Glenn Miller e Duke Ellington. "Nem todo mundo está interessado em ouvir os sucessos atuais", diz a DJ.

Imagino que na juventude ela não seria capaz de imaginar o que faria aos 90 anos. Entretanto, o que ninguém pode negar é que para chegar aonde chegou ela precisou de uma memória ativa, contrariando totalmente o senso comum de que essa função do cérebro entra em declínio a partir dos 40 anos.

Assim como Margaret, você também tem sonhos, projetos e desafios que demandam boa memória. A não ser que sofra uma grave enfermidade, nada mais pode impedi-lo de voltar a estudar, iniciar uma nova carreira, fundar uma empresa, dedicar-se a um projeto social ou a qualquer iniciativa inovadora em qualquer idade, inclusive na velhice.

Não é preciso ser uma celebridade para ter sonhos, manter a memória ativa e envelhecer com lucidez. Há milhares de exemplos de pessoas anônimas que se projetaram mais idosas. Evidentemente, vou citar alguns casos de pessoas célebres por uma questão de identificação, mas como dizem por aí: "O sol nasce para todos".

Então, pense por um instante:

O que uma mente ativa poderia fazer por você após os 45, 50 anos?

Em 1975, quando estava com 45 anos, Silvio Santos criou a TVS, embrião do que é atualmente o SBT. Na época, apesar de ser um empresário bem-sucedido, o público o conhecia mais pelo programa dominical, que ele apresenta até hoje e completou cinco décadas no ar. Em 1993, esse programa entrou para o *Guiness Book*, livro dos recordes, como o mais duradouro do mundo. Em dezembro de 2015, Silvio vetou a apresentação do programa comemorativo dos seus 85 anos por temer que a homenagem atraísse mau agouro ou desse a entender que sua carreira chegara ao fim. Lúcido e sem papas na língua, Silvio não dá mostras de largar o microfone tão cedo.

E após os 60, 70, 80 anos, você acha que sua cabeça está velha demais para ousar?

O jornalista Roberto Marinho fundou a TV Globo em 1965, aos 61 anos, idade em que muitos estão se aposentando. E a partir daí se tornou um dos empresários mais influentes do país.

A atriz e cantora Bibi Ferreira completou 75 anos de carreira em 2016. Aos 93 anos, comemorou no palco, com um espetáculo no qual cantava clássicos do seu repertório, canções de Edith Piaf, Frank Sinatra, da fadista Amália Rodrigues e do cantor de tango Carlos Gardel.

Em 15 de setembro 2012, dona Canô, a célebre mãe do cantor e compositor Caetano Veloso e da cantora Maria Bethânia, empenhada na preservação da cultura tradicional de sua terra, Santo Amaro da Purificação, no Recôncavo Baiano, completou 105 anos. Na ocasião, em entrevista a Egi Santana, do G1, ela contou o segredo de sua longevidade. "Acho que cheguei até essa idade porque acredito em Deus e porque sempre vivi com a minha família, com pessoas do meu lado, com casa cheia". Ela faleceu três meses depois, no Natal, em decorrência de uma redução do fluxo de sangue para as artérias do cérebro.

Outro centenário famoso, o arquiteto Oscar Niemeyer, um dos principais nomes da arquitetura moderna, responsável por traçar e erguer os principais edifícios de Brasília, continuou desenhando projetos até sua morte aos 104 anos, em 2012.

A atriz Fernanda Montenegro chegou aos 86 anos em plena atividade. Em maio de 2016, gravou uma participação especial no seriado *Mr. Brau*. "Lady Montenegro trabalha até hoje com a volúpia de um estivador. Sua resistência é famosa", conta sua filha Fernanda Torres em um relato escrito em 2010, quando Fernanda Montenegro completou 65 anos de carreira.

O texto revela como é o processo de memorização dessa grande dama: "Fernanda sabe que é no cansaço da repetição, como um trapezista de circo, que se atinge a tão cobiçada mestria". Ainda conforme a descrição de Fernandinha, para a mãe decorar um papel, não é apenas lembrar o que está escrito: "É um processo árduo de introjetar as palavras antes de projetá-las para fora, de alcançar o sentido escondido, de visualizar e corporificar o espírito da fala". Isso requer uma memória plenamente ativa.

____ Um cérebro novo todos os dias

Um dia desses ouvi uma pessoa reclamando que o seu telefone não estava funcionando direito, que ela deveria fazer a atualização do celular ou trocar de aparelho. Imagine se quando nosso cérebro não funcionasse direito tivéssemos a possibilidade de transferir as informações para um cérebro novinho em folha. Se possível, seria uma alternativa tentadora, concorda?

Na verdade, essa possibilidade existe e acontece muitas vezes ao longo da vida. A pele, os cabelos, os músculos, os ossos e o cérebro que você possui não são os mesmos que você tinha há alguns meses. Nossas células estão em constante processo de renovação e podemos dizer teoricamente que ganhamos um cérebro novo todos os dias.

Um estudo realizado por Kirsty L. Spalding e equipe do Instituto Karolinska, na Suécia, mostrou que pelo menos um terço dos neurônios se renovam constantemente ao longo da vida. O trabalho, publicado em junho de 2013 no periódico científico *Cell*, foi realizado a partir da análise de cérebros congelados doados após a morte de pessoas entre 19 e 92 anos. Os autores calculam que todos os dias são formados 700 novos neurônios em cada hipocampo do cérebro de um adulto, com um modesto declínio durante o envelhecimento. Como existem dois hipocampos, um em cada hemisfério, e eles estão diretamente relacionados à memória e a outras funções cognitivas, todos os dias 1.400 novos neurônios reforçam essas atividades cerebrais.

Os limites da sua mente talvez sejam muito mais amplos do que você supõe. "Nosso *hardware* mental ainda não tem competição à altura", afirmou a neurologista Suzana Herculano-Houzel em um artigo no qual valoriza as potencialidades do cérebro.

Depois de contar que na casa dela há dezenas de aparelhos celulares obsoletos, esquecidos pelas gavetas, Suzana diz que o *hardware* que temos na cabeça não fica obsoleto nunca "porque é capaz de se atualizar e se modificar conforme o uso". Diz a neurocientista: "Mesmo quando envelhece, e não tem como ser trocado, ele se mantém atualizável e altamente customizado: é o seu *hardware*, personalizado a cada instante da vida, ajustado e otimizado para aquelas funções que de fato lhe são imprescindíveis".

Consciente da capacidade desse *hardware*, você pode começar a se empenhar desde agora para manter seu cérebro funcionando a pleno vapor.

Você aprendeu neste livro que a memorização é um processo ativo. Portanto, se quer se lembrar de algo, é preciso que coloque sua cabeça para funcionar. Faça algo a respeito. Imagino que você é uma pessoa experiente e sabe que é muito pequena a diferença entre desejar e realizar. Para ter uma boa memória, é preciso vencer a primeira barreira: sair da zona de conforto. Então comece se perguntando:

– O que posso fazer para me lembrar...

... de dar um recado?

... de tomar o remédio?

... de pagar a conta?

... de ligar para um cliente?

Toda pergunta pede uma resposta e esse é o princípio da estimulação cerebral e se você tiver uma boa estratégia, da memorização. Lembre-se: a qualidade da lembrança depende da qualidade da memorização, o que significa que se um assunto pode ser lembrado nitidamente, então ele foi registrado com proporcional intensidade ou foi submetido a repetições suficientes para formar memórias de longa duração.

Você também aprendeu que quando está bem a sua memória fica bem. Estar bem, do ponto de vista da memória, significa dar condições ao cérebro de exercer plenamente suas funções, dentre elas, captar, registrar e recordar.

Essas recomendações valem para você e também podem servir para ajudar alguém. Um filho deve perceber, por exemplo, como a melhora do sentido – o uso de um aparelho auditivo ou uma cirurgia de catarata – pode fazer a diferença na vida dos pais. Ouvir, enxergar, perceber melhor o mundo, aumenta as condições de captar, registrar e certamente recordar fatos vivenciados.

É hora de agir: três atitudes para memorizar mais

Agora que você conhece as principais causas dos lapsos, como estimular a memória e melhorar a qualidade da recordação, está na hora de colocar em prática tudo o que aprendeu. Portanto, quero convidá-lo a melhorar a sua memória avançando em três frentes: fisiologia, aprendizado e ensino.

Fisiologia

O sonho de ser um grande político, ator, empresário, acadêmico, líder. O projeto de passar em um vestibular, ser aprovado em um concurso, voltar a estudar, ter longevidade com lucidez... tudo depende de uma memória saudável.

Os sábios gostam de dizer que em muitas atividades é mais fácil imitar do que copiar. Essa afirmação é perfeita para o treinamento em memorização. Se o juiz de um campeonato coloca 50 fotos sobre uma mesa e você e um campeão de memória se propõem a memorizar, é razoável que ambos chegarão a 100%. Mesmo que você leve uma semana, conseguirá em algum momento copiar a proeza e obter o mesmo resultado, não é verdade? Entretanto, se você tem a oportunidade de, em vez de copiar, imitar o campeão, então seus resultados serão muito mais rápidos. Quem sabe até instantâneos!

Uma memória saudável, como você viu aqui, requer um corpo saudável. Aprendi muito ao estudar o comportamento de pessoas com boa memória e tentar imitar todos os seus passos. Esses exemplos de pessoas idosas, céleres e anônimas, saudáveis e ativas apresentadas neste livro podem servir de inspiração e, por que não dizer, dentro dos seus limites físicos, bons exemplos para imitação.

O endocrinologista e especialista em reprodução humana Elsimar Coutinho é prova de que você pode começar a mudar seus hábitos a qualquer tempo. Em uma entrevista ao *Programa do Jô*, em 2007, ele contou que começou a praticar exercícios físicos aos 67 anos para ganhar músculos. Na época tinha 10 quilos a menos e aparentava ter dez anos a mais. Começou a treinar e pegou gosto.

Aos 77 anos, ele acordava às 4h30 da manhã, corria 10 quilômetros por uma hora, das 6 às 7 horas fazia musculação, seguida de alongamento e um belo café da manhã. Depois saía para o trabalho às 8h15 e atendia de 20 a 30 pacientes por dia, não só em Salvador, mas também em São Paulo, Rio de Janeiro, Porto Alegre, Belo Horizonte e Brasília. "Muitos acham que aposentadoria é para parar de trabalhar", disse na entrevista. "Quando aposentei como professor na Faculdade de Medicina – eu dava aula o dia todo – foi quando mais trabalhei; nunca trabalhei tanto." Em 2016, ele completou 86 anos mantendo esse ritmo.

O empresário Abílio Diniz correu sua primeira maratona em Nova York, em 1994, aos 58 anos. Todo dia, antes das 6 horas, ele está de pé, trajando roupa esportiva para a corrida matinal. Depois dos 70 anos, em vez de reduzir o ritmo, renovou-se: trocou de emprego (deixou o grupo Pão de Açúcar, que ajudou a erguer, começou a dirigir o BRF e se tornou acionista e conselheiro do Carrefour), passou a se exercitar duas vezes ao dia em vez de três, voltou a praticar boxe e teve outro filho. A caminho de completar 80 anos, ele continua a demonstrar vigor incomum para o trabalho e um abdômen invejável: sua taxa de gordura corporal é de apenas 6%.

As lendas do rock Paul McCartney e Mick Jagger também impressionam pela energia e boa forma física: aguentam três horas de show sem intervalo. A memória também segue em dia: não esquecem as letras das músicas.

Paul, que completou 74 anos em junho de 2016, faz exercícios e bicicleta. Na sua última turnê pelo Brasil, em 2014, foi visto andando de *bike* no Parque do Povo, em São Paulo, e no Aterro do Flamengo, no Rio. Mick Jagger, que fez 73 anos em julho de 2016, pula o tempo todo no palco sem perder o fôlego. Filho de professor de Educação Física, corre 12 quilômetros todas as manhãs e pratica *kickboxing*, yoga, pilates e balé.

Talvez você pense: "Mas eles são ricos e famosos, têm acesso aos melhores tratamentos e hospitais". De fato, eles são ricos e famosos e, é verdade, têm acesso aos melhores tratamentos e hospitais. Mas é verdade também que nós não vemos notícias de que essas pessoas ficam doentes, entrando e saindo de hospitais. O motivo é simples: eles permanecem o tempo todo com o corpo e a mente ativos. Por isso ficam menos doentes.

São ótimos exemplos e nos animam a colocar essas ideias em prática. Vamos?

A primeira pergunta a ser feita:

– O que fisiologicamente me impede de ter uma boa memória?

Novas perguntas podem ajudar a encontrar a resposta.

– Sua dieta é saudável?

– Falta algum nutriente?

– Você é sedentário?

– Dorme adequadamente?

– Precisa buscar soluções para dormir melhor?

– Como anda sua saúde?

– Tem feito *check-ups* regularmente?

– Você enxerga e ouve bem?

Se estiver preocupado com um familiar cabem as mesmas perguntas, porém dirigidas a ele.

A ideia é que as soluções apontadas no capítulo anterior sejam viabilizadas e que coloque suas metas fisiológicas no papel e as transforme em realidade, aderindo a um programa de vida saudável.

Quem não se cuida pode se tornar uma complicação para si mesmo e os outros, que terão de servi-lo quando você for incapaz de fazê-lo.

Para melhorar sua alimentação, você pode desde já colocar mais frutas e verduras no cardápio e reduzir os *fast-foods*.

No que se refere à atividade física, crie um plano de treinamento, contrate um *personal trainer* ou reserve um horário para fazer uma caminhada diária ou, pelo menos, três vezes por semana.

Se gostar de treino em academia, vá em frente, matricule-se. Também pode andar de bicicleta, fazer pilates, hidroginástica ou frequentar aulas de dança de salão. A melhor data para esse plano começar a valer é agora. Não deixe para cuidar da sua saúde amanhã.

Cuide bem da sua fisiologia, respeite seus limites, que o resto o cérebro saberá fazer.

Aprendizagem

Não podemos negar, todos nós gostamos de uma novidade. A natureza humana é curiosa e o cérebro adora aprender. Sabendo disso, devemos estimular a formação de novas memórias.

Esqueça a crença limitante que diz "agora é tarde" e a substitua pela frase "sempre é tempo de aprender algo novo".

Acredite, existem muitas vantagens para a memória e aprendizagem quando se tem mais idade. Separei alguns exemplos admiráveis que mostram isso.

Therezinha Brandolim de Souza foi alfabetizada aos 82 anos. Cresceu ajudando os pais na roça, em Monte Azul Paulista, e não teve oportunidade de estudar. Casou, teve cinco filhos e continuou morando na roça com o marido. Ao ficar viúva, mudou-se para Ribeirão Preto, onde trabalhou como faxineira. Fez algumas tentativas frustradas para aprender a ler até que em 2013, com o apoio da família e a orientação de uma professora habilidosa, realizou o velho sonho. Depois, descobriu sua veia artística: aos 84 anos, faz quadros com retalhos de chita.

A mineira Leonides Victorino, que também passou a infância na lavoura, depois trabalhou como doméstica, aprendeu a ler e

Existe, sim, boa memória após os 40, 50, 60, 70, 80... anos

escrever aos 67 anos junto com os cinco netos, enquanto morava na Zona Oeste do Rio de Janeiro. Ser analfabeta era algo que a incomodava tanto que Leonides não parou por aí. Em 2014, aos 78 anos, ela recebeu um diploma universitário em História da Arte na Universidade da Terceira Idade, na Universidade Estadual do Rio de Janeiro (UERJ).

Outro exemplo fantástico é de um casal de Araraquara, no interior paulista. Formado em Engenharia Mecânica, Eliseu Machado ingressou em uma fábrica do setor automotivo onde trabalhou por 20 anos até montar um comércio com a esposa Ana Balbuena. Em 2011, aos 58 anos, ela decidiu concluir o Ensino Médio. Depois prestou vestibular em uma universidade particular e foi cursar Pedagogia.

Em 2015, com a aposentadoria de ambos, o marido resolveu seguir os passos da esposa. Estudou para o Exame Nacional do Ensino Médio (Enem) e conseguiu uma vaga no curso de Matemática do Instituto Federal de São Carlos, na cidade de mesmo nome, que fica a pouco mais de 40 quilômetros de Araraquara. Isso depois de ficar mais de 40 anos longe dos bancos escolares.

Não custa lembrar que os idosos têm a maturidade a seu favor, portanto, se você tem o desejo de voltar a estudar, não espere mais. Transforme esse sonho em realidade.

Responda:

– O que eu posso fazer para melhorar minha aprendizagem?

Que tal ligar para alguns amigos e formar hoje mesmo um grupo de estudos na sua área de interesse: religião, política, educação, cidadania ou literatura. Faça essa experiência e verá como existem pessoas ansiosas por alguém que lhes traga um convite deste tipo.

Você também pode se engajar em alguma causa. Preservar uma nascente, proteger os animais, conservar uma praça perto de sua casa, evitar a demolição de um prédio histórico... Seja qual for a necessidade percebida, leia a respeito. Informe-se.

Vale a pena também assistir a peças de teatro, acompanhar festivais de cinema, ir a palestras, exposições e outros eventos culturais. A dica, no caso de palestras e teatro, é chegar mais cedo e garantir um lugar na primeira fila, pois assim terá muito mais vigor na recepção da informação. Ligue para algum amigo e vá. Saia para ter experiência, não fique só na teoria.

Que tal marcar hoje mesmo aquele cinema, depois passar numa livraria e comprar um bom livro? Torne esse dia estimulante e diferente dos demais.

Já disse e reitero que ter problemas é bom. A busca de soluções estimula o intelecto, mantendo a mente afiada. Procure, então, encará-los de maneira mais positiva, pensando no crescimento que essa vivência lhe trará.

Mantenha o foco no seu propósito maior, alimente a sua memória e terá condições de enfrentar melhor qualquer problema.

A sua memória vai adorar e você se sentirá muito bem.

Ensino

A pior metáfora da memória, em minha opinião, é a que ensina que "a memória é como um músculo: quanto mais você exercita, melhor ela fica". Definitivamente, a memória não é um músculo, pois ele tem a função de sustentar nossos ossos, dar mobilidade ao corpo e suportar algum peso. A memória está em uma categoria bastante superior. Ela é a guardiã do nosso conhecimento e está presente em todas as situações.

Talvez você tenha enfrentado algumas crises ao longo da vida, na família, no trabalho, no relacionamento com amigos. Imagino que tenha superado, se não todas, pelo menos a maioria delas e para isso teve a participação da memória. Se pensar bem, o que permitiu dar a volta por cima foi o conhecimento que possui ou que foi compartilhado pela memória de alguém. É o poder do conhecimento!

Pessoas idosas têm muita, mas muita experiência de vida. Uma experiência que, usando uma expressão das redes sociais, precisa ser urgentemente compartilhada com os outros. Armazenar o conhecimento é importante, mas compartilhar garante a você mais anos de lucidez e de quebra ainda ajuda outras pessoas.

O que fazer com tanta experiência?

Talvez você não imagine, mas o mundo precisa do conteúdo guardado na sua memória e por isso ele não pode encerrar em você. O conhecimento acumulado de um pequeno agricultor no árido sertão brasileiro pode ajudar um empresário do setor financeiro a tomar uma importante decisão de investimento. Do mesmo modo, o conhecimento do empresário pode ajudar na organização financeira do agricultor.

Uma frase dita por um aposentado que na juventude fora mecânico de automóveis pode ser útil para uma jovem que deseja tomar uma decisão sobre a escolha do veículo que comprará.

Todo mundo tem algo de bom para compartilhar. Todo conhecimento tem alguma utilidade, especialmente se for direcionado para o bem comum. No entanto, para que seja realmente valioso, ele precisa impactar e transformar a vida das pessoas. E isso você pode fazer compartilhando. Quanto mais você ensina, mais aprende e melhor sua memória fica.

Gosto do filme *As confissões de Schmidt*, estrelado por Jack Nicholson em 2002. Ele se baseia no livro *About Schmidt*, de Louis Begley, um advogado nova-iorquino de renome. A personagem de Jack trabalhou durante décadas em uma empresa de seguro de saúde.

Ao se aposentar, ele começa a buscar um novo sentido para sua vida. Compra um trailer e começa a viajar. Mas o que o faz encontrar verdadeiramente o sentido é a possibilidade de trocar experiência através de cartas com um garoto desconhecido, um órfão pobre que ele apadrinhou na África.

Responda:

– O que eu posso fazer para compartilhar meu conhecimento?

No auge dos seus "enta e tantos anos", pense em quantas pessoas poderia ajudar e que vivem longe de você. Pessoas do mundo inteiro poderiam beber na sua fonte. Como? É muito simples: você só precisa de muita vontade e três ferramentas que com certeza tem aí no seu celular: vídeo, *blog* e *podcast*. São três ferramentas que utilizo diariamente para oferecer às pessoas o conteúdo que acumulei. Você não precisa transferir seu conhecimento apenas dentro da sua família ou para amigos que estão por perto. Talvez essas pessoas já tenham se beneficiado bastante com a sua experiência.

Que tal escrever um livro? Segundo o *Guiness Book*, a pessoa mais velha a publicar um livro pela primeira vez foi a inglesa Bertha Wood. Ela lançou *Ar fresco e diversão: a história de uma colônia de férias Blackpool*, um livro de memórias, no seu centésimo aniversário, em 20 de junho de 2005.

Você também pode começar com um diário, escrito à mão. Estudos sugerem que as anotações feitas à moda antiga, com lápis ou caneta no papel, ajudam os estudantes a fixar mais o conteúdo das aulas do que registros feitos no teclado.

Segundo artigo publicado em junho de 2014 na revista científica *Psychological Science*, que teve como principal autora Pam Mueller, da Universidade de Princeton, nos Estados Unidos, ler e, principalmente, escrever de um jeito tradicional, são tarefas cognitivas complexas

Existe, sim, boa memória após os 40, 50, 60, 70, 80... anos

que requisitam neurônios de áreas cerebrais diferentes, levando a reorganizar aquele conteúdo conforme a própria lógica e compreendê-lo melhor.

Então agora é o momento de dividir esse conhecimento enquanto fortalece a memória praticando os métodos ensinados aqui.

Você merece desfrutar de longevidade com lucidez e se possível sem a necessidade de um tutor para ficar lembrando as coisas que precisa fazer: tomar remédio, ir a uma consulta médica, cumprimentar alguém pelo aniversário.

Ainda que você chegue à velhice com o corpo cansado e a sensação de que "Estou velho", "Não tenho mais idade para isso", sua mente pode permanecer ativa e lúcida, permitindo a realização de muitas tarefas úteis.

Não tem exemplo melhor do que o do físico britânico Stephen Hawking. Apesar do corpo limitado pela esclerose lateral amiotrófica (ELA), doença degenerativa grave, rara e incurável, ele mantém um cérebro potente, realiza palestras, escreve artigos e livros. Aos 74 anos é um dos cientistas mais consagrados da atualidade, mesmo mexendo apenas um músculo da face, detectado por um sensor instalado em seus óculos, graças a um sistema computadorizado criado pela Intel.

A doença, que paralisa progressivamente os músculos do corpo, provocando a perda de movimentos, foi detectada quando Stephen tinha apenas 21 anos. O prognóstico era de que ela o levaria à morte em, no máximo, três anos. Mesmo assim ele se casou, teve filhos, prosseguiu os estudos e viajou pelo mundo divulgando suas teorias para explicar a origem do universo e a formação de buracos negros.

Está provado: quanto mais uma pessoa ensina, mais aprende. Ensinar fortalece sua memória em todas as idades. Aliás, uma das formas de reforçar o conhecimento é reparti-lo com os outros, por isso muitas escolas incentivam a criação de grupos de estudos entre alunos da mesma classe para facilitar essa troca.

No caso do idoso, há um fator a mais a considerar: os jovens precisam de suas memórias, de suas experiências, dos seus conselhos, de boas conversas. Isso foi demonstrado por um projeto brasileiro premiado em 2014 no *Cannes Lions*, o prêmio mais cobiçado no mundo na área de criação.

O projeto *Speaking Exchange* (ou Intercâmbio de Conversa), criado pela Agência de Publicidade FCB Brasil, reuniu jovens estudantes da unidade da escola de inglês CNA no bairro da Liberdade, em São Paulo, interessados em praticar a conversação em inglês, e idosos na faixa dos 80 anos internados na casa de Repouso Windson Park, em Chicago (EUA), dispostos a conversar com alguém.

Apesar de suscitar dúvidas se haveria assunto para um diálogo entre gerações tão diferentes, a conversa entre jovens e idosos pela internet foi um sucesso: os jovens treinaram a língua e os idosos sentiram orgulho de ensinar seu idioma para estudantes brasileiros com idade para serem seus netos. Houve troca de experiências e afeto. Um vídeo relatando a experiência foi postado no YouTube em 7 de maio de 2014 e está disponível no link: https://www.youtube.com/watch?v=3ka8SEny7ws.

Em um mundo tão necessitado de informações de qualidade e bons exemplos, guardar o conhecimento para si seria um ato de egoísmo. Você não é egoísta. Dividir conhecimento lhe fará muito bem.

Por outro lado, o egoísmo causa isolamento. E o isolamento acarreta depressão que, sabemos, tem efeito negativo sobre a memória.

Não subestime o valor do seu conhecimento, de sua memória. Soluções são sempre bem-vindas. Não espere nem mais um minuto para movimentar a sua memória. Quanto mais você a utiliza, melhor ela fica.

O principal é confiar nela. Saber que pode contar com suas lembranças na hora em que precisar.

Como dizia Santo Agostinho, se você não vive o que crê, acaba acreditando naquilo que vive. Se acreditar que tem boa memória conseguirá viver melhor.

7

POR UM FUTURO
BEM VIVIDO E LEMBRADO

Imagine que você está caminhando pela beira de uma praia deserta. Inspirado pela beleza do lugar, você sente uma vontade de retribuir deixando uma frase escrita na areia. Você começa a escrever, mas interrompe sua ação e resolve fazer uma barreira de proteção para impedir a chegada da onda.

A barreira em questão são as diferentes ideias, reflexões, planos que agora você sabe que podem deixar seu cérebro mais resistente e a memória mais ativa. A prevenção é a melhor maneira de garantir anos de cérebro estimulado e a melhor forma de evitar os lapsos de memória. Tudo isso se resume em mais qualidade de vida.

A ciência está avançando cada vez mais na busca de tratamentos que estimulem a regeneração de células cerebrais contra as forças que tentam destruir nosso intelecto. Entretanto, ainda existem muita discussão e divergências sobre esse tema. Isso não significa que você deva esperar a ação do tempo. O seu plano de manter a longevidade com lucidez deve ser posto em prática agora.

Ler este livro representou um reforço na barreira contra a onda dos lapsos de memória. Aqui você aprendeu a importância de fazer coisas novas, como ler, escrever, voltar a estudar, usar aplicativos tecnológicos com cautela e usar a memória com inteligência. Tudo isso para o cérebro manter-se sempre jovem e em estado de alerta. O aprendizado é uma ação que deve ser estimulada a vida toda.

A prática de atividade física bem orientada também deve estar em sua rotina a partir de agora. Estudos mostraram que os exercícios aeróbicos são mais eficientes para proteger o cérebro.

Você também aprendeu que a alimentação adequada é um dos pilares para uma memória acima da média, por isso um novo cardápio pode ser adotado agora mesmo, valendo a partir de sua próxima refeição.

Agora que você está finalizando este livro, pense no próximo que lerá. Prepare-se para sair de casa e visitar uma biblioteca ou livraria. Muitos outros livros poderão ser lidos daqui para frente como uma espécie de manutenção dos ganhos aqui obtidos.

Como você descobriu, ler, aprender, escrever, compartilhar esse conhecimento com outras pessoas reforça funções nobres no seu cérebro e assegura o bom funcionamento da memória, a independência e os cuidados consigo mesmo. E agora que você tem consciência disso, comece a praticar essas ações imediatamente.

A boa notícia é que é possível, sim, evitar os prejuízos dos esquecimentos e preservar a memória para que você seja mais produtivo, ativo e confiante em tudo o que fizer até os 100 anos ou mais. Existem milhares de pessoas que vivem esta realidade neste exato momento e você merece entrar para esse time.

Mesmo fazendo tudo certo ainda não temos a garantia de afastar totalmente a ameaça do Alzheimer. Sabemos, contudo, que as pesquisas avançam na busca do tratamento efetivo e que existem formas de amenizar o sofrimento.

As soluções simples e inteligentes para estimular a memória agora estão ao seu alcance e são fáceis de serem aplicadas – como deve estar percebendo. E ao começar a praticá-las, inicie um ciclo de mudanças positivas em sua vida. Afinal, como afirmou o respeitado pesquisador e neurobiólogo Ivan Izquierdo, em 2004, no seu livro *A arte de esquecer*: "[...] nada somos além daquilo que recordamos".

Agradeço de coração por ter me acompanhado neste trajeto e me dado a oportunidade de compartilhar minhas ideias, reflexões e técnicas funcionais que me deram o título de melhor memória do Brasil. Sei – e você agora também sabe – que pode ir longe com sua memória: quanto mais nós ensinamos, mais estimulamos e desfrutamos de uma boa memória.

Desejo que haja sempre qualidade de vida e lucidez na sua jornada de longevidade. Que tenha sempre ânimo, energia e motivação para buscar o seu melhor.

Se quiser, sinta-se à vontade para me escrever contando seus progressos.

Ao terminar este livro, empreste-o a alguém ou fale dele para outras pessoas, seus amigos, parentes, conhecidos. Penso que lugar de livro não é na estante, mas na mão dos leitores, ajudando e incentivando o máximo possível a memória a continuar sendo sua melhor amiga e companheira.

Um grande abraço,

Renato Alves
(www.renatoalves.com.br)

REFERÊNCIAS

Referências

AGNVALL, Elizabeth. Brain health: what helps, what hurts. *AARP Bulletin*, jun. 2015. Disponível em: <http://www.aarp.org/health/brain-health/info-2015/brain-health-what-helps-what-hurts.html> Acesso em: 5 jan. 2016.

AGNVALL, Elizabeth. Major report shows what works, what doesn't, for better brain health. 14 abr. 2015. Disponível em: <http://blog.aarp.org/2015/04/14/major-report-shows-what-works-what-doesnt-for-better-brain-health/>. Acesso em: 9 ago. 2016.

ALLEGRETTI, Fernanda. Envelhecer no século XXI. *Revista Veja*, edição 2470, ano 49, n. 12, 23 mar. 2016, p. 88-95.

ALVAREZ, Ana. *Exercite a sua mente*. São Paulo: Nova Cultural, 2004.

ALVES, Renato. *Faça seu cérebro trabalhar para você*. São Paulo: Gente, 2013.

_____. *Não pergunte se ele estudou*. São Paulo: Humano Editora, 2012.

_____. *O cérebro com foco e disciplina*. São Paulo: Gente, 2014.

_____. *Os 10 hábitos da memorização*. São Paulo: Gente, 2009.

AMERICAN GERIATRICS SOCIETY. American Geriatrics Society 2015 Updated Beers Criteria for Potentially Inappropriate Medication Use in Older Adults. *Journal of the American Geriatrics Society*, v. 63, n. 11, p. 2227-2246, nov. 2015. Disponível em: <http://onlinelibrary.wiley.com/doi/10.1111/jgs.13702/epdf>. Acesso em: 2 maio 2016.

AMERICAN HEART ASSOCIATION NEWSROOM. Having a Purpose in Life May Improve Health of Aging Brain. *American Heart Association Rapid Access Journal Report*. March 19, 2015. Disponível em: <http://newsroom.heart.org/news/having-a-purpose-in-life-may-improve-health-of-aging-brain>. Acesso em: 1º jun. 2016.

ANDERSON, Heather S. Alzheimer Disease: Practice Essentials, Background, Anatomy. *Medscape*, 4 maio 2016. Disponível em: <http://emedicine.medscape.com/article/1134817-overview>. Acesso em: 5 maio 2016.

ANDERSON, Pauline. Two Alzheimer's Gene Variants Affect Brain Atrophy. *Medscape*, 5 jan., 2016. Disponível em: <http://www.medscape.com/viewarticle/856748>. Acesso em: 4 abr. 2016.

_____. "Prudent" Diet Linked to Better Cognition. *Medscape*, 21 mar. 2016. Disponível em: <www.medscape.com/viewarticle/860732_print>. Acesso em: 28 mar. 2016.

ANDREAS, Steve. *A essência da mente*. São Paulo: Summus, 1993.

BANDLER, Richard & GRINDER, John. *Ressignificando*: programação neurolinguística e transformação do significado. São Paulo: Summus, 1986.

BARBOSA, Christian. *A tríade do tempo*. Rio de Janeiro: Sextante, 2011.

BATISTELA, Silmara. *Efeitos da administração aguda de diferentes doses de metilfenidato sobre a cognição de jovens saudáveis*. São Paulo: Unifesp, 2011 (tese de doutorado). Disponível em: <http://repositorio.unifesp. br/handle/11600/21751>. Acesso em: 10 jan. 2016.

BBC BRASIL. Estudo lista 5 "regras de ouro" para prevenir demência. *BBC Brasil*, 15 dez. 2014. Disponível em: <http://www.bbc.com/portuguese/noticias/2014/12/141215_estudo_demencia_pai>. Acesso em 4 abr. 2016.

_____. Um em três casos de Alzheimer pode ser evitado, diz estudo. *BBC Brasil*, 14 jul. 2014. Disponível em: <http://www.bbc.com/portuguese/noticias/2014/07/140714_alzheimer_prevencao_fn>. Acesso em: 12 abr. 2016.

BERTOLUCCI, Paulo. Distúrbios da memória e Alzheimer. *TV faz muito bem*, 26 fev. 2015. Disponível em: <https://www.youtube.com/watch?v=H1_1ymS4--A>. Acesso em: 12 maio 2016.

BLAZER, Dan G.; YAFFE, Kristine; LIVERMAN, Catharyn T (Ed.). *Cognitive aging*: progress in understanding and opportunities for action. Washington: Institute of Medicine/The National Academies Press, 2015. Disponível em: <http://www.nap.edu/read/21693/chapter/1>. Acesso em: 3 jun. 2016.

BOBBIO, Norberto. *O tempo da memória*: de senectude e outros escritos autobiográficos. Rio de Janeiro: Campus, 1997.

BODEN, Margaret. *Dimensões da criatividade*. Porto Alegre: Artmed, 1999.

Referências

BRAGA, A. P.; LUDEMIR, T. B.; CARVALHO, A. C. P. *Introdução às redes neurais:* teoria e aplicação. Rio de Janeiro: LTC, 2000.

BRAND, Jorge Luiz. *Comunique-se melhor e desenvolva sua memória.* São Paulo: Vida Nova, 1999.

BRAYNE, Carol et alli. Potential for primary prevention of Alzheimer's disease: an analysis of population-based data. *The Lancet Neurology,* vol. 12, n. 8, p. 788-794, august 2014. Disponível em: <http://www.thelancet.com/journals/laneur/article/PIIS1474-4422(14)70136-X/abstract>. Acesso em: 3 jun. 2016.

BREDESEN, D.E. Metabolic profiling distinguishes three subtypes of Alzheimer's disease. Disponível em: <http://www.ncbi.nlm.nih.gov/pubmed/26343025>. Acesso em: 29 jul. 2016.

BROOKS, Megan. Alzheimer's Researchers Unite to Speed Prevention Research. *Medscape,* 4 nov. 2015. Disponível em: <www.medscape.com/viewarticle/853887_print>. Acesso em: 19 nov. 2015.

_____. New Alzheimer's Gene Identified. *Medscape,* 13 out. 2015. Disponível em: <www.medscape.com/viewarticle/852556_print>. Acesso em: 19 nov. 2015.

BROWN, David J. David J Brown Interviews Hans Moravec. *Mavericks of the mind.* Disponível em: <http://www.mavericksofthemind.com/moravec.htm>. Acesso em: 16 maio 2016.

BURN, Katherine F. Role of grandparenting in postmenopausal women's cognitive health: results from the Women's Healthy Aging Project. *Menopause.* October 2014, vol. 21, Issue 10, p. 1069–1074. Disponível em: <http://journals.lww.com/menopausejournal/Citation/2014/10000/Role_of_grandparenting_in_postmenopausal_women_s.7.aspx>. Acesso em: 13 mar. 2016.

CARPER, Jean. *100 dicas simples para prevenir o Alzheimer e a perda de memória.* Rio de Janeiro: Sextante, 2015.

CASTRO, Carol. Cigarro faz mal para o cérebro. *Superinteressante.* 26 nov. 2012. Disponível em: < http://super.abril.com.br/blogs/ciencia-maluca/cigarro-faz-mal-para-o-cerebro/>. Acesso em: 29 jul. 2016.

CASTRO, Fábio de. Redução de peso pode ajudar a prevenir Alzheimer, diz estudo. *O Estado de S. Paulo*, 26 agosto 2014. Disponível em: <http://saude.estadao.com.br/noticias/geral,reducao-de-peso-pode-ajudar-a-prevenir-alzheimer-diz-estudo,1550034>. Acesso: 15 maio 2016.

CHEREM, Carlos Eduardo. Nunca é tarde para aprender: mulher de 97 anos se forma em direito em MG. *Uol Educação*, 18 jul. 2014. Disponível em: <http://educacao.uol.com.br/noticias/2014/07/18/nunca-e-tarde-para-aprender-mulher-de-97-anos-se-forma-em-direito-em-mg.htm#comentarios>. Acesso em: 15 mar. 2016.

CORREA, Cristiane. Abílio Diniz: por dentro da mente do maior empresário de varejo do Brasil. *Época Negócios*, ago. 2015. Disponível em: <http://epocanegocios.globo.com/Informacao/Visao/noticia/2015/10/qual-e-o-proximo-lance-abilio.html>. Acesso em: 3 maio 2016.

COUTINHO, Elsimar. Entrevista ao Programa do Jô, 4 abr. 2009. Disponível em: <https://www.youtube.com/watch?v=m-Fd00Jw7zo>. Acesso em: 2 jun. 2016.

DIFIORE, Nancy. New MIND Diet May Significantly Protect Against Alzheimer's Disease. *Rush University Medical Center*, 16 mar. 2015. Disponível em: <https://www.rush.edu/news/press-releases/new-mind-diet-may-significantly-protect-against-alzheimers-disease>. Acesso em: 1º jun. 2016.

DRAAISMA, Douwe. *Metáforas da memória*: uma história das ideias sobre a mente. São Paulo: Edusc, 2005.

ECCLES, J. *Cérebros e consciência*: o *self* e o cérebro. Lisboa: Instituto Piaget, 2000.

ESSENTIA PHARMA. Sono: priorize e tenha uma vida mais saudável. *Revista Essentia Pharma*, 8. ed., out. 2015, p. 41-53. Disponível em: <http://pt.calameo.com/read/004201423ccf919e0d327>. Acesso em: 20 maio 2016.

ESTEVES, Bernardo. Suzana Herculano-Houzel: o cru, o cozido e o cérebro. *Revista Piauí*, 26 jun. 2015. Disponível em: <http://www.fronteiras.com/artigos/o-cru-o-cozido-e-o-cerebro>. Acesso em: 17 maio 2016.

FALCÃO, A. *Mania de explicação*. São Paulo: Salamandra, 2013.

FERREIRA, S.; MASSANO, J. Terapêutica farmacológica na doença de Alzheimer: progressos e esperanças futuras. *Arquivos de Medicina*, vol. 27, n. 2, Porto, abr. 2013. Disponível em: http://www.scielo.gpeari.mctes.pt/scielo.php?pid=S0871-34132013000200004&script=sci_arttext>. Acesso em: 5 maio 2015.

FRAWLEY, William. *Vygotsky e a ciência cognitiva*. Porto Alegre: Artmed, 2000.

G1. Idosa aprende a ler e, aos 79 anos, se forma em universidade do Rio. *G1*, 23 jul. 2015. Disponível em: <http://g1.globo.com/rio-de-janeiro/noticia/2015/07/idosa-aprende-ler-e-aos-79-anos-se-forma-em-universidade-do-rio.html>. Acesso em: 12 mar. 2016.

GALLAGHER, James. Demência: o que fazer para evitar um desastre global. *BBC News*, 11 dez. 2013. Disponível em: <http://www.bbc.com/portuguese/noticias/2013/12/131210_pesquisa_demencia_mv>. Acesso em: 5 abr. 2016.

GALVIN, James E. *The quick dementia rating system*. New York: New York University Langone Medical Center, 2013. Disponível em: http://med.fau.edu/research/The%20Quick%20Dementia%20Rating%20System%20Instructions%20and%20Form.pdf. Acesso em: 15 jun. 2016.

GARDENAL, Isabel. Esquecimento natural precisa de atenção, diz neurologista. Portal da Unicamp, 27 maio 2013. Disponível em: <http://www.unicamp.br/unicamp/noticias/2013/05/27/saude-esquecimento-natural--precisa-de-atencaodiz-neurologista>. Acesso em: 5 maio 2016.

GOLEMAN, Daniel. *A arte da meditação*. Rio de Janeiro: Sextante, 1999.

GREENFIELD, Susan. *O cérebro humano*: uma visita guiada. Rio de Janeiro: Rocco, 2000.

HAIAT, Patricia Davidson. Por que comer peixe faz tão bem à saúde. Disponível em: <http://www2.uol.com.br/vyaestelar/nutricaofuncional_peixe.htm>. Acesso em: 29 jul. 2016.

HALLOWELL, Edward M.; RATEY, John J. *Tendência à distração*. Rio de Janeiro: Rocco, 1999.

HEALTHY HEART EQUALS HEALTHY BRAIN. Disponível em: <http://newsroom.heart.org/news/healthy-heart-equals-healthy-brain>. Acesso em: 29 jul. 2016.

HERCULANO-HOUZEL, Suzana. Afinal, o que há de tão especial no cérebro humano. Disponível em: <https://www.ted.com/talks/suzana_herculano_houzel_what_is_so_special_about_the_human_brain/transcript?language=pt-br>. Acesso em: 31 maio 2016.

_____. Obsolescência. *Folha de S.Paulo*, 10 nov. 2015. Disponível em: <http://www1.folha.uol.com.br/colunas/suzanaherculanohouzel/2015/11/1704283-obsolescencia.shtml>. Acesso em: 25 fev. 2016.

HUGHES, Sue. Intensive Exercise May Delay Cognitive Decline by 10 Years. *Medscape*, 24 mar. 2016. Disponível em: < www.medscape.com/viewarticle/860930_print>. Acesso em: 28 mar. 2016.

IZQUIERDO, Ivan. A *arte de esquecer*. Rio de Janeiro: Vieira & Lent, 2004.

JABR, Ferris. Searching For The Elephant's Genius Inside the Largest Brain on Land. *Scientific American*, 26 fev. 2014. Disponível em: <http://blogs.scientificamerican.com/brainwaves/searching-for-the-elephants-genius-inside-the-largest-brain-on-land/>. Acesso em: 16 mar. 2016.

JOHN HOPKINS MEDICINE. *Hearing loss linked to accelerated brain tissue loss*. January 22, 2014. Disponível em: <http://www.hopkinsmedicine.org/news/media/releases/hearing_loss_linked_to_accelerated_brain_tissue_loss>. Acesso em: 3 jun. 2016.

KASPERSKY. The rise and impact of digital amnesia. Disponível em: <https://blog.kaspersky.com/files/2015/06/005-Kaspersky-Digital-Amnesia-19.6.15.pdf>. Acesso em: 29 jul. 2016.

LISBOA, Vinícius. Expectativa de vida do brasileiro sobre para 75,2 anos, mostra IBGE. Disponível em: <http://agenciabrasil.ebc.com.br/ge-

ral/noticia/2015-12/expectativa-de-vida-do-brasileiro-sobe-para-752--anos-mostra-ibge>. Acesso em: 29 jul. 2016.

MARQUES, E. L. et alli. Changes in neuropsychological tests and brain metabolism after bariatric surgery. *J Clin Endocrinol Metab*, November 2014, 99 (11): E2347–E2352. Disponível em: <http://press.endocrine.org/doi/pdf/10.1210/jc.2014-2068>. Acesso: 15 maio 2016.

MARQUES, Emerson Leonildo. *Efeito da perda de peso induzida por cirurgia bariátrica sobre metabolismo cerebral e função cognitiva.* [tese]. São Paulo: Faculdade de Medicina, Universidade de São Paulo, 2014. Disponível em: <https://www.capes.gov.br/images/stories/download/pct/mencoeshonrosas/225143.pdf>. Acesso: 15 maio 2016.

MARTINS, Alejandra. Teste usa 10 indicadores para detectar sinais de Alzheimer em 5 minutos. *BBC Mundo*, 4 set. 2015. Disponível em: <http://www.bbc.com/portuguese/noticias/2015/09/150816_alzheimer_perguntas_pai>. Acesso em: 10 maio 2016.

McMAINS, Stephanie; KASTNER, Sabine. Interactions of top-down and bottom-up mechanisms in human visual cortex. *The Journal of Neuroscience*. 2011 Jan 12;31(2):587-97. Disponível em: <http://www.ncbi.nlm.nih.gov/pubmed/21228167>. Acesso: 12 maio 2016.

MIELKE, Michelle M.; VEMURI, Prashanthi; ROCCA, Walter A. Clinical epidemiology of Alzheimer's disease: assessing sex and gender diferences. Disponível em: <http://www.ncbi.nlm.nih.gov/pmc/articles/PMC3891487/>. Acesso em: 29 jul. 2016.

MINUTAGLIO, Rose. Inspiring 102-Year-Old New Jersey Granny Is America's Oldest Schoolteacher! *People*, 21 jan. 2016. Disponível em: <http://www.people.com/article/102-year-old-adorable-granny-oldest--american-schoolteacher>. Acesso em: 2 maio 2016.

MUELLER, Pam; OPPENHEIMER, Daniel. The pen is mightier than the keyboard: advantages of longhand over laptop note taking. *Psycological Science*. June 2014, vol. 25, n. 6, p. 1159-1168. Disponível em: <http://pss.sagepub.com/content/25/6/1159>. Acesso: 18 mar. 2016.

NATIONAL ACADEMIES. Institute of Medicine of The National Academies. *Cognitive aging – report brief.* April 2015. Disponível em: <https://www.nationalacademies.org/hmd/~/media/Files/Report%20 Files/2015/Cognitive_aging/Cognitive%20Aging%20report%20brief. pdf>. Acesso em: 29 jul. 2016.

NEDERGAARD, Maiken et alli. Sleep Drives Metabolite Clearance from the Adult Brain. *Science*, vol. 342, Issue 6156, 18 out. 2013, p. 373-377. Disponível em: <http://science.sciencemag.org/content/342/6156/373>. Acesso em: 19 nov. 2015.

NIELSEN. Estilos de vida das gerações globais: quanto a idade influencia nosso comportamento. Disponível em: <http://www.nielsen.com/br/pt/ insights/news/2016/Estilos-de-vida-das-geracoes-globais-quanto-a-idade-influencia-nosso-comportamento.html>. Acesso em: 29 jul. 2016.

O GLOBO. Dependência digital enfraquece a memória das pessoas. *O Globo*, 7 out. 2015. Disponível em: <http://oglobo.globo.com/sociedade/tecnologia/dependencia-digital-enfraquece-memoria-das-pessoas-17709522>. Acesso em: 3 maio 2016.

OSHO. *Aprendendo a silenciar a mente.* Rio de Janeiro: Sextante, 2008.

PFIZER. Pesquisa inédita mostra que 90% dos brasileiros têm receio de envelhecer. Disponível em: <http://www.pfizer.com.br/content/Pesquisa-in%C3%A9dita-mostra-que-90-dos-brasileiros-t%C3%AAm--receio-de-envelhecer>. Acesso em: 29 jul. 2016.

RAMACHANDRAN, Tarakad S. Alzheimer Disease Imaging. *Medscape*, 27 jul. 2014. Disponível em: <http://emedicine.medscape.com/ article/336281-overview>. Acesso em 6 abr. 2016.

REARDON, Sara. Memories retrieved in mutant "Alzheimer's" mice. *Nature*, 16 mar. 2016. Disponível em: <http://www.nature.com/news/ memories-retrieved-in-mutant-alzheimer-s-mice-1.19574>. Acesso em: 18 mar. 2016.

SANTANA, Egi. 'Tô pouco me importando com idade', diz Dona Canô sobre 105 anos. *G1*, 15 jun. 2012. Disponível em: <http://g1.globo.

com/bahia/noticia/2012/09/pouco-me-importando-com-idade-diz-dona-cano-sobre-105-anos.html>. Acesso em: 15 mar. 2016.

SCHEILS, Conor. Britain's oldest DJ spins her records twice a week at the age of 91 but she won't play anything produced after 1959. *Mail On*, 5 jun. 2013. Disponível em: <http://www.dailymail.co.uk/news/article-2320274/Britain-s-oldest-DJ-spins-records-twice-week-age-91--won-t-play-produced-1959.html>. Acesso em: 3 jun. 2016.

SCHIAVONI, Eduardo. Casal com mais de 60 anos: ela faz pedagogia, e ele é calouro de matemática, UOL Vestibular, 11 fev. 2016. Disponível em: <http://vestibular.uol.com.br/noticias/redacao/2016/02/11/ele--e-calouro-de-matematica-ela-faz-pedagogia-os-dois-tem-mais-de-60.htm>. Acesso em: 13 maio 2016.

SETZER, Valdemar W. O que a internet está fazendo com nossas mentes? Disponível em: <https://www.ime.usp.br/~vwsetzer/internet-mentes.html>. Acesso em: 31 maio 2016.

SHAKERSAIN, Behnaz et al. Prudent diet may attenuate the adverse effects of Western diet on cognitive decline. *Alzheimer & Dementia*, 2016 Feb; 12(2):100-9. Disponível em: <http://www.ncbi.nlm.nih.gov/pubmed/26342761>. Acesso em: 15 mar. 2016.

SHEILS, Conor. Britain's oldest DJ spins her records twice a week at the age of 91 but she won't play anything produced after 1959. *MailOnline*. 6 maio 2013. Disponível em: <http://www.dailymail.co.uk/news/article-2320274/Britain-s-oldest-DJ-spins-records-twice-week-age-91--won-t-play-produced-1959.html>. Acesso em: 29 jul. 2016.

SIBILIA, Paula. Drogas do esquecimento e implantes cerebrais: a informatização da memória. *Revista Ciência e Cultura*, v. 60, n. 1, São Paulo, 2008. Disponível em: <http://cienciaecultura.bvs.br/scielo.php?pid=S0009--67252008000100015&script=sci_arttext>. Acesso em: 19 maio 2016.

SIMON, Cris. 6 ações de marketing de guerrilha que deram o que falar. *Exame.com*, 15/05/2011. Disponível em: <http://exame.abril.com.br/marketing/noticias/6-acoes-de-marketing-de-guerrilha-que-deram-o--que-falar#3>. Acesso em: 9 mar. 2016.

SNOWDON, David A. Aging and Alzheimer's disease: lessons from the nun study. *The Gerontologist*, vol. 37, n. 2, 150-156. Disponível em: <http://gerontologist.oxfordjournals.org/content/37/2/150.full.pdf>. Acesso em: 2 jun. 2016.

SPALDING, Kirsty L. et alli. Dynamics of Hippocampal Neurogenesis in Adult Humans. *Cell*, v. 153, Issue 6, 6 jun. 2013, p. 1219-1227. Disponível em: <http://www.cell.com/cell/abstract/S0092-8674(13)00533-3>. Acesso em: 13 jun. 2016.

SPARTANO, Nicole L et alli. Midlife exercise blood pressure, heart rate, and fitness relate to brain volume 2 decades later. *Neurology*. February 10, 2016. Disponível em: <http://www.neurology.org/content/early/2016/02/10/WNL.0000000000002415.short>. Acesso em: 13 jun. 2016.

STETKA, Bret; DE BRIGARD, Felipe. How Memory Works (and How to Preserve It). *Medscape*, 13 fev. 2015. Disponível em: <www.medscape.com/viewarticle/839541_print>. Acesso em: 26 jan. 2016.

TOLEDO, Karina. Cérebro em alta performance. *Agência Fapesp*, 28 abr. 2016.Disponível em: <http://agencia.fapesp.br/cerebro_em_alta_performance/23099/>. Acesso em: 29 abr. 2016.

TOLLE, Eckhart. *O poder do agora*. Rio de Janeiro: Sextante, 2002.

TORRES, Fernanda. A glória com seu cortejo de horrores. *Globo Teatro*, 22 dez. 2010. Disponível em: <http://redeglobo.globo.com/globoteatro/artigos/noticia/2013/09/artigo-fernanda-torres-escreve-sobre-mae--fernanda-montenegro.html>. Acesso em: 1º jun. 2016.

TURIONI, Felipe. Alfabetizada aos 82, idosa é exemplo para ciência de nova fase da vida. *G1*, 24/07/2015. Disponível em: <http://g1.globo.com/sp/ribeirao-preto-franca/noticia/2015/07/idosa-aprende-ler-e-escrever-aos-82-e-encontra-arte-em-retalhos-de-chita.html>. Acesso em: 10 mar. 2016.

UNIVERSITY OF EXETER. *Training elderly in social media improves well-being and combats isolation*. December 12 2014. Disponível em: <http://www.exeter.ac.uk/news/featurednews/title_426286_en.html>. Acesso em: 18 mar. 2016.

UOL. Estudo brasileiro mostra que Ritalina não melhora o desempenho neural. Disponível em: <http://www2.uol.com.br/vivermente/noticias/ estudo_brasileiro_mostra_que_ritalina_nao_melhora_o_desempenho_neural_e__8232.html>. Acesso em: 29 jul. 2016.

WILLEY, Joshua Z. et alli. *Leisure-time physical activity associates with cognitive decline:* The Northern Manhattan Study. Disponível em: <http://www.neurology.org/content/early/2016/03/23/WNL.0000000 000002582.short>. Acesso em: 29 jul. 2016.

WINBLAD, Bengt et alli. Defeating Alzheimer's disease and other dementias: a priority for European science and society. *The Lancet Neurology,* v. 15, n. 5, abr. 2016, p. 455-532. Disponível em: <http://www. thelancet.com/journals/laneur/article/PIIS1474-4422(16)00062-4/abstract>. Acesso em: 17 maio 2016.

WORLD ALZHEIMER REPORT 2012. Disponível em: <http://www.alz. co.uk/research/world-report-2012>. Acesso: 29 jul. 2016.

WORLD REPORT ON AGEING AND HEALTH. Disponível em: <http://apps.who.int/iris/bitstream/10665/186463/1/9789240694811_ eng.pdf?ua=1>. Acesso em: 29 jul. 2016.

Este livro foi impresso pela Orgrafic em papel norbrite 66,6 g.